非正規職員は消耗品ですか？

——東北大学における大量雇止めとのたたかい

〔目次〕

はじめに

「東北大学」「大量雇止め」。全国に知れ渡ることになったのは二〇一八年春のことだった。筆者は当時、東北大学職員組合の執行委員長および書記として、東北大学における非正規職員の大量雇止め問題の前線に立っていた。

この問題は、日本国内に（世界的にも）年々増えている非正規雇用の方々の今後の待遇が、安定雇用なのか使い捨てなのかという問題と軌を一にする。なぜそのような選択をしなければならないのか。二〇一三年の労働契約法改正に端を発する。その詳細は後述するが、それまでは「三年ルール」という不文律があったものの、うまく雇用を継続されてきた非正規雇用職員が、六年目の契約更新の前に「雇止め」されることになった。本来ならば、改正労働契約法に沿って無期転換できたはずなのに、真逆の仕打ちを受けたのである。

非正規職員の無期転換・大量雇止め問題について、多くの大学が無期転換に道を開いている中、東北大学当局はまったく方針を変えず、二〇一八年三月に三〇〇名を超える大量雇止めを強行してしまった。その経緯をたどり、このような現状に至った経緯を記すのが本書の目的であるが、問題の根本を一言でいえば、法を潜脱した「無期転換逃れ」である。東北大学は、法人として財政上やむを得ないことで、また大量雇止めを手続き上も問題ないと強弁するが、所詮すべてが「無期転換逃れ」であった。そのことは、宮城県労働委員会で断じられることになるのであるが、実は同様のことが、社会全体に蔓延しており、日本における非正規雇用労働者問題がさらに深刻化していることに、私たちは目を向けなければならない。

私達職員組合は、ほとんどが正規職員（教職員）であり、この問題を解決しても、直接教職員の待遇が改善されるわけではない。実際、この争議に勝利しても、自身に益はない。組合運動は、時に仕事や生活の足を引っ張ることもある。時間も金も必要である。

二〇二〇年春、「時の行路（神山征二郎監督）」が上映された。「リーマン・ショックの嵐の吹き荒れる二〇〇八年末、大手自動車メーカーで派遣工として誠実に仕事に励む五味洋介に吹き寄せる理不尽な『派遣切り』の嵐。この嵐に立ち向かう姿を、愛する家族や仲間たちとの日々を通して描いた実話に基づく物語（http://www.tokinokouro.kyodo-eiga.co.jp/）。」という内容である。涙なしには観られない感動の映画であるが、労働争議に立ち上がり運動に取り組む単身赴任の主人公に対して、その家族が「もう止めて」と訴える場面があった。実は組合運動に取り組む多くの方は、同じような状況に置かれているのではないかと思った。みずからが争議に加わったりしなくても、うまく取り繕えば、楽に過ごせるだろう。個人の正義感だけなら、他の方々を巻き込んで活動しない方がいい。

そのそも私達は何故、この問題に取り組んでいるのか。あまり深くこの運動の意義を考えずに、突き進んできてしまった感があるが、その最中のこと。訴訟の意見陳述書（二〇一八年一一月一五日）には、本件訴訟の意義として「本件訴訟は、本件雇い止めが労働契約法一八条に基づく無期転換申込権の発生を阻止する目的でなされた違法無効なものであることを明らかにし、原告の労働契約上の権利、労働者としての尊厳の回復を求めるものです」と記されていることを目にした。崇高な目的である。原告の救済であり労働者の尊厳の回復なのである。弁護士の皆さんに、訴訟文面を通して教えられた。一連の労働争議には、約一〇名の争議団が付いてくださった。実は、争議団の弁護士の皆さんは、まったく謝礼を受け取っていない。もちろん、勝訴すれば、一部を報酬金として受け取ることになるが、労働審判、仮処分、労働委員会等を進めても、一銭もバックはない。ボランティアでたたかってくださっている。このことを美談にすると、今後「あの方々に頼めば、タダで済む」と思われてしまうかもしれないので控えながら表現したいが、ボランティアにしては、費やす時間と労量は大きすぎる。家族から「もう止めて」と言われたらどう説明するのか。弁護士としての使命感なのか、責任感なのか。それとも、生きる思想なのか。ここまで、弱きを助くために献身する方々は、敬うべき存在である。

「労働者の尊厳」。それはディーセント・ワーク（働きがいのある人間らしい仕事）を求めること、いのちと健康を守ることである。「労働者の尊厳」を実現できる社会は、平和で民主的で貧富の差のない社会である。日本で非正規雇用労働者は増加し続けているが、果たして労働者の尊厳が守られているのか。一方、新自由主義の価値観が日本国内にだいぶ広まっていて、非正規雇用の不安定な雇用条件については、みずからが選んだのだからしょうがない、といういわば自己責任論で片付ける論調がくすぶっている。無論、使用側からしてみたら、雇用の調節弁であり、安くて切りやすい消耗品。三年も五年もその職場に働き続ければベテランであり、手に技をもつ貴重な職員であるはずなのに。人件費ではなく物件費で給料が支払われる非正規雇用は、消耗品と同じ扱いである。労働者は物ではない。生活がある。東北大学で行われた無期転換逃れの大量雇止めは、まさに労働者を消耗品扱いする象徴的な振る舞いである。ベテランのパートさんを雇止めし、長く担ってきた非常勤講師の雇用を更新せず、新たな方を雇うことは、東北大学の教育研究の質を低下させるから、雇用を継続させるべき、という意見がある。確かにそのとおりであるし、学内の賛同を得やすいであろう。しかし、組織側、雇う側の損得で、雇用を継続するかしないかを判断するのは「労働者の尊厳」とは異なるスタンスである。東北大学における非正規職員の大量雇止めの経緯と問題の本質を本書で示すことにより、この問題は東北大学だけの案件ではなく、日本全体の問題であることが理解されることを望みたい。

現在も労働争議は継続しているが、終始運動を支えてくださっている「ストップ雇止め、ネットワークみやぎ」の方々の氏名（肩書は結成時）を記し、心よりの感謝の意を表す。

共同代表：高橋正行（宮城県労働組合総連合議長）、野呂圭（弁護士）、安野正志（宮城県私立学校教職員組合連合執行委員長）、山田忠行（弁護士）、吉田正志（東北大学名誉教授）、片山知史（東北大学職員組合執行委員長）

運営委員：小野寺義象（弁護士）、後藤洋子（東北大学非正規職員）、染谷昌孝（弁護士）、高橋京（東北大学職員組合書記長）、田嶋玄一（東北大学職員組合副委員長）、中山修（宮城県医療労働組合連合会執行委員長）、長沼拓（弁護士）、布間きみよ（全労連・全国一般宮城一般労働組合執行委員長）

事務局：鎌内秀穂（宮城県労働組合総連合事務局長）、遠藤秋雄（宮城県労働組合総連合オルグ）、小野寺智雄（東北大学職員組合書記）、

弁護団（上記メンバーを除く）：菊地修、小関眞、宇部雄介、染谷昌孝、鶴見聡志、太田伸二、井澤徹、太田伸二、小部正治

東北大学職員組合：大場哲彦、久保誠二郎、千葉裕輝

（敬称略）

1　増加し続ける非正規雇用労働者

1―1　非正規雇用労働者とは

　非正規雇用労働者の定義は、法的には存在しないようだ。あえて括れば正規雇用職員（正職員）以外の労働者となろうか。厚労省の資料には「有期契約労働者・パート労働者・派遣労働者等」と整理されている。厚労省の統計においては、非正規雇用労働者は「勤め先での呼称が『パート』『アルバイト』『労働者派遣事業所の派遣社員』『契約社員』『嘱託』『その他』である者」とされている。総務省の労働職調査統計における区分は、以下のようになっており、非正規職員は臨時雇、日雇に相当すると判断される。

常雇：「役員」と「一般常雇」を合わせたもの
一般常雇：一年を超える又は雇用期間を定めない契約で雇われている者で「役員」以外の者
無期の契約：「一般常雇」のうち、雇用契約期間の定めがない者（定年までの場合を含む）
有期の契約：「一般常雇」のうち、雇用契約期間が一年を超える者
臨時雇：一か月以上一年以内の期間を定めて雇われている者
日雇：日々又は一か月未満の契約で雇われている者

厚労省の非正規雇用労働者には、まず「有期契約労働者」が掲げられているが、大学の任期付教員

1　増加し続ける非正規雇用労働者

図１　日本における正規雇用、非正規雇用労働者数の経年変化

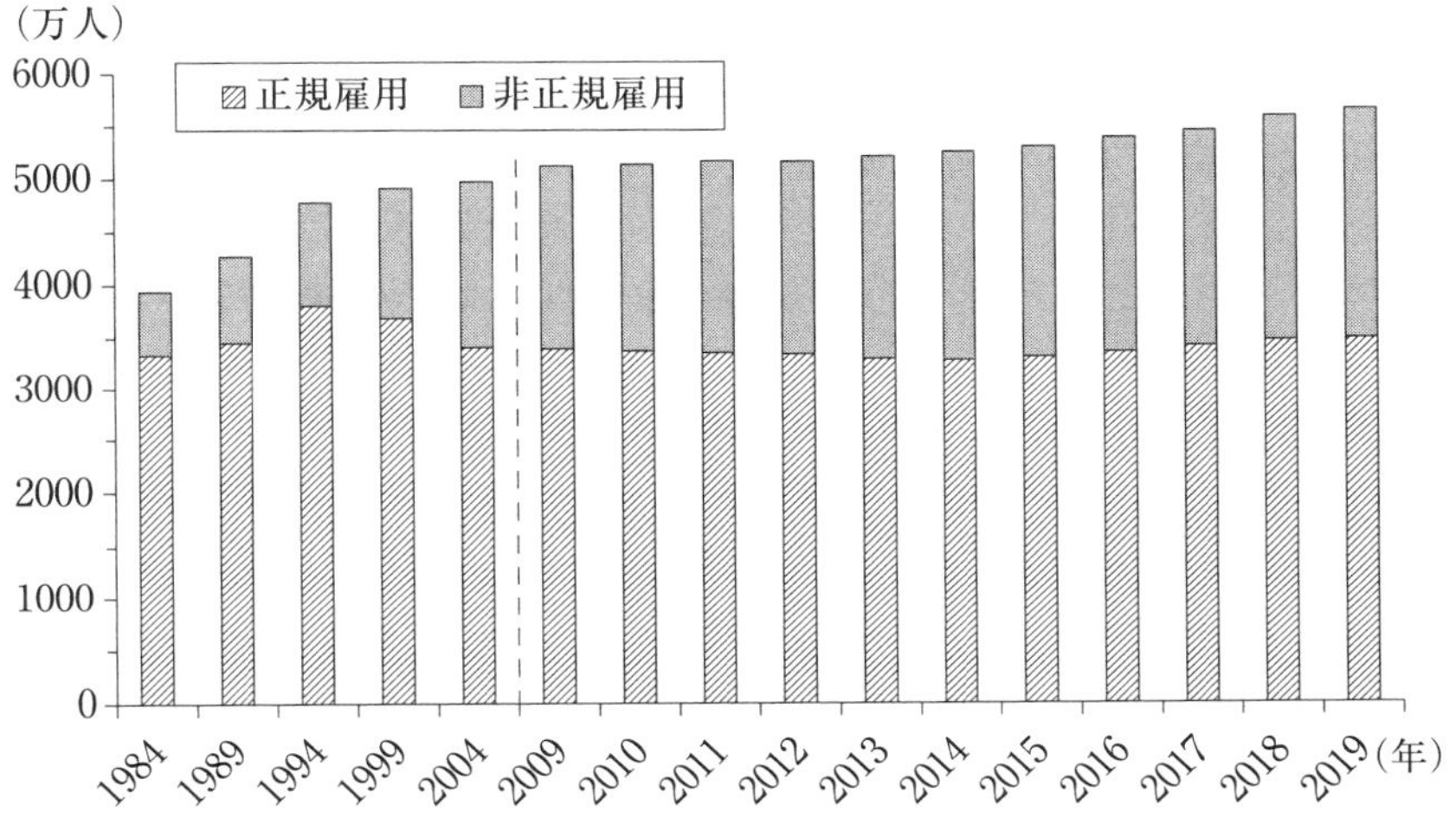

のように、正規雇用であっても有期契約である場合もあるので、一年未満の期間を定めて雇われている者と定義するのが適当と考える。

非正規雇用労働者に関する総務省の統計は、一九七四年から登場している。それ以来総労働者数は、若干の右肩上がりとなっているが、内訳的には正規労働者が減少して、非正規労働者が絶対数及び比率ともに一貫して上昇している。総務省資料によると、二〇一九年平均の雇用者数（役員を除く）は五六六〇万人。そのうち正規労働者は三四九四万人、非正規雇用労働者は二一六五万人で、非正規雇用者割合は三八・三％に達している。

ちなみに、二〇一九年のデータによると、非正規雇用者数で一番多いのはパートで四八・四％、その他多い順に、アルバイトが二一・八％、契約社員が一三・六％、派遣社員六・五％、嘱託五・八％となっている。

二〇〇一年からの小泉純一郎首相の時代に本格化した規制緩和・市場原理主義は、派遣社員等の低賃金、不安定な労働者を大量に生み出した。確

かに、バブル崩壊前までは、正規も非正規も増加していたが、二〇〇〇年前後から正規雇用者が減少に転じ、それを補うように非正規が増え続けている。その間労働者派遣法は「改正」を重ね、一九九九年の派遣職種の原則自由化に始まり、製造業務解禁（二〇〇四年）など、極めて限定的に始まった派遣制度は、一般事務職を始め、製造現場まで常用代替を可能にしてしまった。さらに、より不安定な派遣の形態である日雇い派遣も急速にその数を伸ばした。

その背景と経緯を川村雅則氏（北海学園大学経済学部）が大変わかりやすく解説しているので引用して紹介する。

「日本では、仕事に期限はないのに有期で人を雇い続ける（反復更新する）ことが法制度上、容認されてきました。いわば有期雇用の乱用です。使用者側における有期雇用のメリットは、雇用調整が容易である点。経営危機や生産変動に対する「緩衝材」としての役割を有期雇用者は持たされてきました。仕事内容や責任が同じでも、雇用形態が異なれば低処遇が可能という点も拡大に拍車をかけました。多くは女性で家計補助的な就労と位置づけられ、労働界も全体として、こうした状況を黙認してきました。ここにやっと規制が導入されたのが、二〇一二年の労働契約法改正だったのです」（「無期雇用転換運動に労組は全力投入を」『連合通信（特信版）』二〇一七年一二月二〇日・二〇一八年一月五日号）。

1―2　非正規雇用労働者の待遇

非正規雇用の根本問題は不安定な雇用であること。労働が一年未満の有期であり、常に契約更新の不安を抱えながら働かざるを得ない。さらに賃金についても、私達は正規職員より少ないことを常識のように捉えているが、実は単価（時給など）や手当等に差異があることに、客観的な論理的な根拠はない。何故か正規職員と同様な経常業務をしていても、低賃金である。正社員・正職員の一般労働者の平均賃金（時給）は二〇二一円、正社員・正職員の短時間労働者の平均賃金は一六三九円である。正社員・正職員以外では、一般労働者が平均賃金一三三七円、短時間労働者が平均賃金一一二八円、しかもほとんどの職場では、ボーナスが出ない。さらには、有給休暇制度が明らかに劣っている。手当も正職員に比べると劣る場合が多い。さらには、福利厚生が乏しく、特に所定労働時間の短い非正規労働者は、社会保険（健康保険・厚生年金）・労働保険のうちの雇用保険の適用から外れる。その他、スキルアップの機会がないこと、ローンなどの借り入れが困難であること、など、生活する上での待遇の悪さは、正規職員に比べ、段違いである。中長期的な人生設計も立てづらい。

社会に広まっている非正規に対する認識は「気楽に働けるパートや派遣は、本人も納得づく」である。しかし、正社員として働く機会がないために非正規雇用で働いている者（不本意非正規雇用）の割合は、非正規雇用労働者全体の一一・六％（令和元年平均）となっている。やはり、本来正規雇用で働きたいがやむを得ず非正規で働いている方が少なくないのである。ちなみに、北海道大学の札幌キャンパスで働く九〇〇人超の非常勤職員を対象に北海道大学教職員組合が実施した当事者アンケート調査によれば（有効回答三五九部）、無期転換の希望は八二・五％が「希望する」と回答していた（川村雅則「無期転換運動と公共部門における規範性の回復運動で、貧困をなくし雇用安定社会の実現を」『月刊全労連』二〇一八年七月号　一～一二ページ）。

1―3　国立大学における非正規雇用労働者

我が国の大学教員数（本務者）は、この半世紀で二倍以上に増加している。大学への進学率の増加と私立大学数の増加によるものであるが、現在でも右肩上がりであることがわかる（文科省：学校基

図２　国立、公立、私立大学における大学教員数（本務者）の経年変化

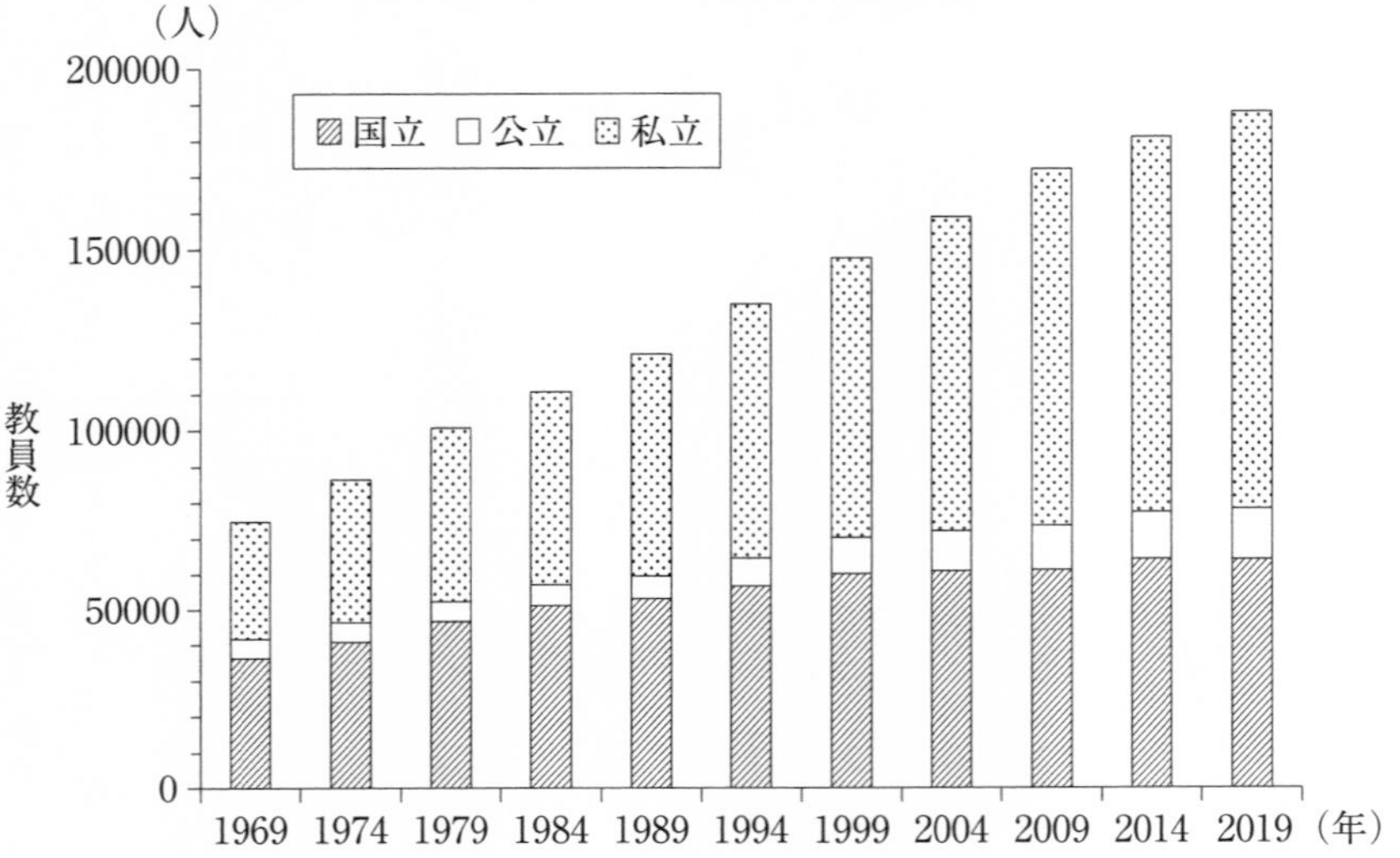

本調査）。国立大学をみても、一九六九年から一九九九年までは、継続して年平均六〇〇名程度の教員が増えていた。しかし、一九九九年以降その増加数は鈍化した。二〇〇九年前後に再び増加したが、助教制度が出来、また任期付の助教が増えたことが反映されている。二〇一四年から二〇一九年にかけての期間において、初めて国立大学の教員数が減少した。

旧七帝大に、東工大、筑波大、早大、慶大を加えて一一校の調査結果によると、二〇〇七～二〇一三年の六年間で、任期付教員は七二一四人から一万一五一五人に大きく増加したのに対し、任期のない教員は一万九三〇四人から一万七八七六人に減少している（伍賀一道「雇用不安定化の新局面とその背景」『日本の科学者』二〇一八年一一月号、四～九ページ）。

上記の数字は、専任教員、任期付教員、一年更新の有期雇用（非常勤など）を含んでいる。二〇一七年に国公私立大を対象に実施された調査結果（六五九校）によると、本務者（専任教

図３　東北大学の常勤・非常勤別、教員職員数および学部生、院生の変化（東北大学事業報告書より作成）

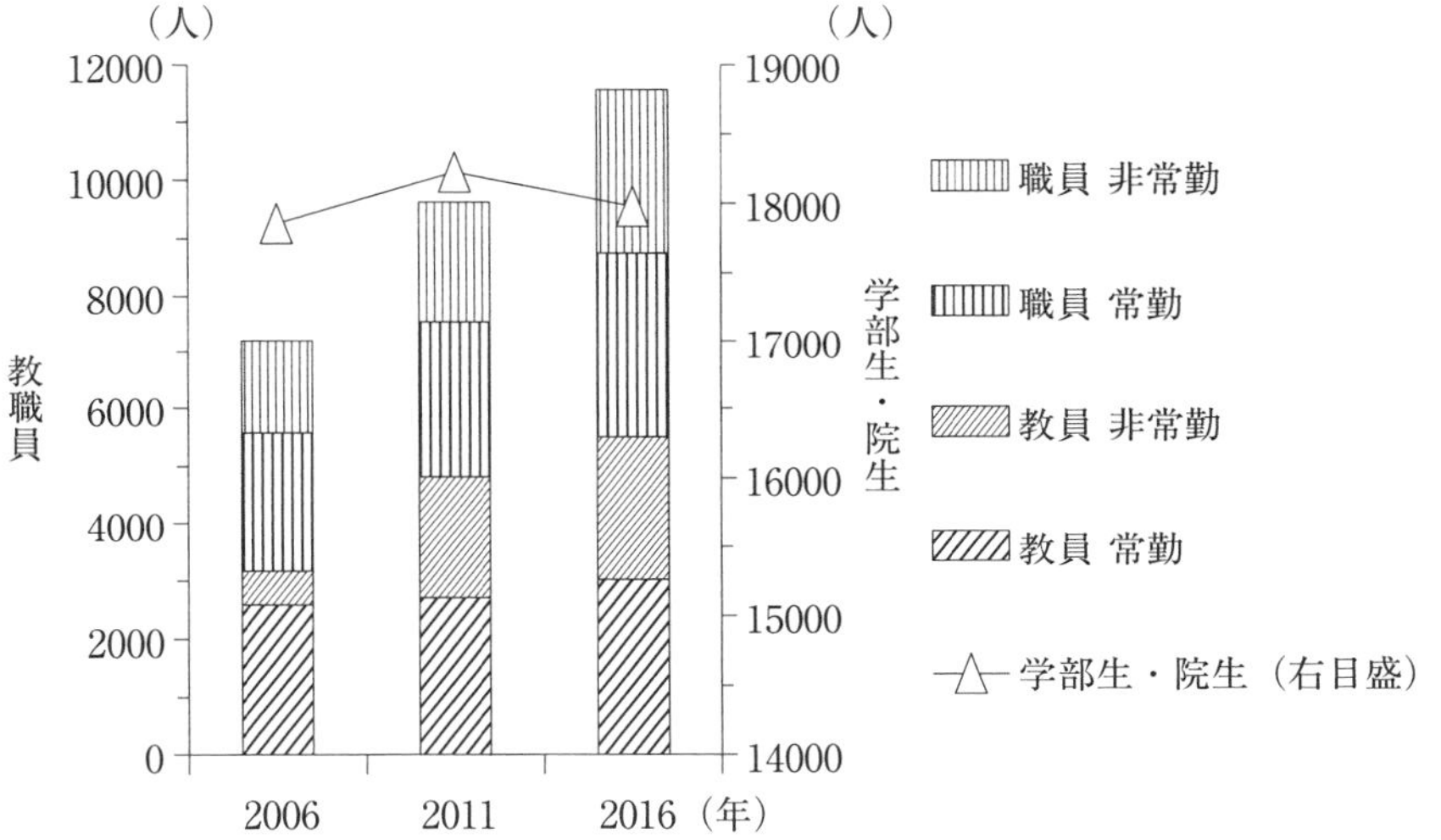

員）は一六万九四五八人、兼務者（非常勤教員）は延べ一六万九一六四人でほぼ同数であった（ただし、非常勤教員は複数の大学をかけ持ちしている例もあり、延べ人数となる）。また、専任教員のうち、任期付きは四万四四〇一人だった。任期なしの専任教員は一二万五〇五七人で、全体に占める割合は約三六・九％であった（朝日新聞二〇一八年五月二〇日）。近年は、さらにアウトソーシングも進められ、英語の授業を英会話教室に丸投げするパターンも目立つ。時間をかけて学生に対応できる教員の割合がますます減少しているのが実態である。

大学における非正規雇用労働者は、教員だけではない。事務職員、技術職員、研究室の秘書的職員にも一年更新の有期雇用職員が存在する。全国の事務職員の非正規職員数の情報は持ち得ていないが、東北大学の事業報告書を元に、教員・職員ごとの常勤職員、非常勤職員数を調べた。

東北大学の職員数は、二〇〇四年の法人化以降年々増加している。二〇〇六年から二〇一六年にかけて、教員も職員も一・七倍、一・三倍となっている。特に非常勤教員の増加割合が大きい。これはプロジェクト型の特任教員やTAやRAの雇用が増加したことによると思われる。いずれにしても、教員、職員に占める非正規雇用労働者（二〇一六年）は、教職員一万一五七二名のうち約四六%の五三〇五名（教員二四八四名、職員二八二一名）である。非常勤の教職員に対する依存度が高い状態であることがわかる。東北大学の事務室をみると、事務職員の半分程度が時間雇用職員であり、日常的な業務も非正規職員が担っていることがわかる。近年では、プロジェクト対応の技術補佐員も目立つようになってきた。

2　労契法改正、そして二〇一八年問題へ

2―1　労働契約法改正

実は労働契約法は、「労働者の保護を図りつつ、個別の労働関係の安定に資すること」を目的に、二〇〇八年に施行された新しい法律である。第三条には、労働契約の基本的な理念および労働契約に共通する原則として、労使対等の原則、均衡考慮の原則、仕事と生活の調和への配慮の原則、信義誠実の原則、権利濫用の禁止の原則が明記されている。

その後、前述のように非正規雇用（有期労働契約）労働者が増えてきたこと、その三割が通算五年を越えて有期労働契約を反復・更新している実態に対応し、労働契約法の一部を改正する法律が二〇一二年に成立した。「有期労働契約を長期にわたり反復更新した場合に、無期労働契約に転換させることにより、労働者が安心して働き続けることが可能な社会の実現を図る（厚労省「労働契約法の改正について～有期労働契約の新しいルールができました～二〇一二年」）」ため、以下の三点の改正（労働契約法の一部を改正する法律〔二〇一二年法律第五六号〕）が行われた。

Ⅰ　無期転換申込権（労働契約法一八条一項）

有期労働契約が反復更新されて通算五年を超えたときは、労働者の申込みにより、期間の定めのない労働契約（無期労働契約）に転換できるルール。

（原則として、六か月以上の空白期間〔クーリング期間〕がある時は、前の契約期間を通算しない。別段

の定めがない限り、申込時点の有期労働契約と同一の労働条件（職務、勤務地、賃金、労働時間など）。）

Ⅱ　雇止め法理の法定化（労働契約法一九条）

最高裁判例で確立した「雇止め法理」が、そのままの内容で法律に規定され、一定の場合には、使用者による雇止めが認められないことになるルール。

（有期労働契約の反復更新により無期労働契約と実質的に異ならない状態で存在している場合、または、有期労働契約の期間満了後の雇用継続につき合理的期待〔期待権〕が認められる場合には、有期労働契約が更新されたとみなす。）

Ⅲ　不合理な労働条件の禁止（労働契約法二〇条）

有期契約労働者と無期契約労働者との間で、期間の定めがあることによる不合理な労働条件の相違を設けることを禁止するルール。

簡単にいうと、五年を超えて契約を更新している有期労働者は、六年目からは無期転換する権利が生じるというものである。非正規雇用の根本問題である不安定な雇用が解決されるはずだった。

2―2　東北大学の対応

東北大学で働く非正規雇用の職員（技術補佐員、事務補佐員、技能補佐員、学術研究員）は、前述のように二〇一六年では二八二一名勤務していた。その二八二一名のうち一四二六名が三年以上契約を更新していた。すなわちその一四二六名には研究開発力強化法適用特例の三四九名を含むので、一〇七七名が二〇一七年度末で五年を超える継続雇用となり、本来ならば無期転換権を得られる方々であった。

しかし労働契約法改正を見て東北大学は「解雇しにくい。無期転換したら、切れなくなる。人件費がもたない」と判断してしまった。無期転換しても、賃金や労働時間などの労働条件は、有期労働契約の時と同じである。つまり、希望者全員を無期転換させたとしても、当面は財務上の変化はない。将来的に事業が縮小し、予算も業務もなくなったら、雇止め法理に従って、手続きすればよい。すなわち、無期転換する制度ができても、これまでどおり何も変える必要はなかったのである。東北大学は、当初「無期転換枠をどの様にどの程度設けられるか」という検討をしていたが、ある事をきっかけに、新たな制度（限定正職員）を設けて無期転換逃れに舵を切ってしまったのであるが、その詳細は後述する。

3　東北大学における非正規雇用職員の大量雇止め問題

3―1　非正規雇用職員の現状

前述のように、一〇七七名が二〇一七年度末で五年を超える非正規職員（教員を除く）であった。二〇一八年度末では一〇九六名であった。

二四六名が雇用更新限度がないと整理される方（法人化以前からの雇用、病院等で更新限度がない医員、研修医等の准職員を含む）で、基本的に二〇一八年度も雇用が継続される。次の項で説明する限定正職員制度の合格者は五三二名（在職期間満五年未満の合格者を含めると六九〇名）。障害者雇用安定法対応等で雇用継続される方が二〇名。一〇九六名からこれらの人数をひくと二九八名であり、実際に雇止めされた人数である。

二〇一七年九月三〇日時点（河北新報調べ）の雇止め対象人数一一四〇名であった。契約更新六年目がないことを見越して、四〇名強の方が、限定正職員試験前後で、他の職を求めて早めに離職したと考えられる。なお当局が示した雇止め人数は二〇一八年三月が二八二名、二〇一九年三月が三九名、二〇二〇年三月が二五名である。

二〇一八年三月の准職員・時間雇用職員数：三三二四名

1．雇用更新上限のある者（2を除く）：二六二九名

・二〇一八年三月末の在職期間満五年以上の者：八五〇名

（四月：限定正職員五三二名、障害者雇用等二〇名、雇止め二九八名）
・二〇一八年三月末の在職期間満五年未満の者：一七七九名
2．雇用更新上限のある者（研究開発力強化法適用者〔雇用更新上限一〇年〕）：三四九名
（四月：限定正職員一〇二名、障害者雇用一名、継続一三七〇名）
3．雇用更新上限のない者（法人化以前からの雇用）：二四六名
（四月：限定正職員一三名、継続二二七名、無期転換権行使六名）

3―2　なぜ大量雇止めが生じたのか

〈法人化前後：基本的に更新上限はなし〉

東北大学の准職員及び時間雇用職員の制度としては、当初「各部局において、准職員などの必要性および予算などを十分に勘案し……、部局長の専決により任免などを行う」（二〇〇五年三月）、「時間雇用職員の通算雇用期間は三年以内」「職務の特殊性等により、総長が特に必要があると認めるときは、三年を超えて雇用契約の更新を行うことができる」（二〇〇七年一月）となっていた。すなわち「三年ルール」という不文律があったものの、非正規雇用職員は、うまく雇用を継続されてきたのである。事務職員は三年ごとに勤める部局を「一応」異動し、学科や研究室事務補佐員は、教員よりも長く勤めており、教授が交替してもスムーズな運営ができていた。二〇一四年の段階で、実際に七〇％の方が三年を超えて雇用されていたのである。経常的な業務を非常勤職員に依存していること自体が問題なことではあるが、現場の判断による繰り返し更新が常態化していたことがわかる。このような継続雇用は、他大学でも、また国の研究所などでも同様であった。

〈就業規則改正：一年遡及して適用〉

二〇一三年の労働契約法改正に伴い、東北大学は二〇一四年一月に「改正労働契約法を踏まえた対応方針」を決め、非正規職員の労働契約期間の上限は原則として五年以内で、通算年限の起算は二〇一三年四月一日から行うこと、通算契約期間が五年を超える場合無期契約への転換の申込みが可能になるとした。この「対応方針」では、部局が財源を確保すれば非正規職員の無期転換が可能であることを含んでいたのである。就業規則も「更新の上限は原則三年で総長の判断により四年目以降の更新もある」という内容から、二〇一四年四月に「労働契約の期間を通算した期間の上限は、原則として五年以内とし、その期間は、個別の労働契約において定める」に改定された。

学内の教職員に対しても、以下のように説明されていた（准職員・時間雇用職員の無期転換に関する説明会〔雨宮地区二〇一六年三月二五日〕）。

Q：労働条件通知書（兼同意書）に更新の上限：有（具体的には平成三〇年三月三一日まで）と記載され、これに捺印・提出した場合、これをもって無期転換ができなくなるのか。

A：無期転換とは関係ない。申請も可能である。

Q：部局の財源によって、無期転換の人数が変わってくる。部局間の差が生じる。

A：それはあまり想定していない。事務系では部局間異動でバランスを取れる。

Q：部局毎に無期転換の人数や枠が設けられるのか？

A：部局で判断するので、本部で枠を設定することはない。

私の所属する農学部の教授会（二〇一六年一〇月一六日）においても、「研究室等の秘書、技術補佐員、技能補佐員等について、部局から理事あてに推薦書を提出することで、理事面接無しで無期転換可能となった」ことが報告されていた。

〈方針転換：無期転換逃れに舵を切る〉

しかしその後、翌二〇一七年一月の部局長連絡会議において「准職員・時間雇用職員の無期転換についての新方針」が決定された。この新方針は、限定正職員という制度を導入するとともに「例外なく五年限度」とし、限定正職員に合格しなければ雇止め、としたのである。無期転換逃れ路線がここで始まった。「例外なく五年限度」を打ち出した点が他大学と大きく異なるところであり、事態を硬直化させた要因である（この経緯は黒瀬（二〇一七）に詳しい）。

3―3　限定正職員制度

3―3―1　無期転換と同等の効果として導入された制度

東北大学に導入された限定正職員制度について説明を付け加える。限定正職員は、政府・厚労省が進めている「多様な正社員」のモデルの一つで、職務、勤務地、労働時間を限定した職種として、多くの企業で用いられている。東北大学では、事務職の一般業務限定職員、技術職の特殊業務限定、教員付き秘書らの目的限定の三職種が設定されている。大学当局はこの限定正職員制度を「無期転換と同等の効果」と位置づけるが、二〇一七年一一月二四日の厚生労働委員会で厚生労働省は、「労働契約法の無期転換ルールは別途のものとし、代替措置にはならない」との見解を事実上示している。

二〇一七年八月に限定正職員試験が実施され一一月に合否が発表された。合格者六九〇人、不合格者一三一人、合格率八四％とされている。しかしこの数字には大きな欺瞞があり、これだけで東北大学の雇止め問題を評価することには大きな問題があることを指摘しておきたい。

・合格率は、業務限定（一般）三八％（八三／二一四）、業務限定（特殊）一〇〇％（一八九／一八九）、目的限定一〇〇％（三九七／三九七）であった。業務限定（一般）の合格率は二〇一八年も二三％と低かった。一方、業務限定（特殊）と目的限定は一〇〇％である。合格率一〇〇％とは、試験が実質意味がなかったことを示す。

・受験できなかった職員が多数存在する。その時期に計画更新五年目の非正規職員は一一四〇名（二〇一七年九月三〇日時点。河北新報調べ）に対して受験者数は八二一名。受験者の中には、今年で三年目、四年目の方も含まれているので、四割近い職員をあらかじめ切り捨ててから選考が始まっている。合格率一〇〇％とされている業務限定正職員（特殊）および目的限定正職員については、部局、教授からの推薦が応募の条件となっており、推薦をもらえなかった職員が多数存在する。対象者全体から見た合格者の率は五割程度である。

・合格者の六割を占める「目的限定正職員」は、期限の定めのないという意味での「無期雇用」ではない。この職はプロジェクト終了、教授の退職など、業務の終了とともに雇止めとなる事実上の有期雇用である。大学当局はこれを無期雇用と呼んでいるが事実は違う。実際に二〇一八年末、二〇一九年末に各々一五名、一一名の解雇が生じている。

二〇一七年秋。初めての限定正職員の採用試験。実は出願が終了した九月に、受験出来なかったとの訴えが組合に届いていた。そして、その結果が発表された二〇一七年一一月、各部局では憤懣が上がった。五年以上も継続して勤務して貢献してきたのに、まさか不合格になるとは思わなかったという声や、業務限定といいつつ試験内容は業務とは無関係だったこと、その他試験のことのみならず限定正職員制度への疑問も多かった。

限定正職員制度については、一部ではあるものの非正規雇用労働者の雇用安定と待遇改善につながるもので、組合も反対するものではなかった。しかし、試験を通した業務限定職員の「選別」が行われているのが実態であり、試験方法を含めた運用上の問題があると言わざるを得ない。さらには、目的限定職員の解雇問題である。

3―3―2　無期転換したのに、一年で解雇

なぜ解雇が生じたのか。目的限定職員は、限定正職員の一つの職種であり「教員付き等の秘書業務やプロジェクト業務等、特定の目的の業務に従事」が主な職務とされている。何年何月までという期間が定められていないため無期雇用に当たる、と当局は説明する。しかし、就業規則には「外部資金の受入れの終了、プロジェクト事業等の業務の完了、担当する授業科目の未開講又は廃止等により業務が終了した場合」解雇されるものとされている。また、解雇条件（目的の業務の終了とともに雇用契約が解消）を認めた上で採用されているので解雇回避努力の義務は生じないというのが東北大学当局の解釈である。

解雇回避努力とは、整理解雇においても、解雇権濫用法理による制限を受け、その判断の基準として判例上確立されている「整理解雇の四要件」の一つである。その四要件とは、人員削減の必要性、解雇回避努力義務、解雇される労働者の選定の妥当性、手続きの妥当性。希望退職の募集、一時帰休、労働時間短縮、新規採用の停止、配置転換、出向、希望退職の募集、一時帰休などの雇用調整手段等をしていなければ、解雇回避努力義務を尽くしていないとされる。

東北大学において、そのプロジェクトが終了した場合でも、組織が大きいので、解雇せずに他のプロジェクトや他の部局のポストを紹介し、本人が同意すれば異動させることが十分可能である。しか

し当局は「業務の目的は限定されており、その業務が終了すると雇用が終了する制度であるとして、学内の別部署に目的限定職員の身分のままで異動することはできない」として、あくまで解雇にこだわった。学内異動どころか、後継プロジェクトや後任教授による継続雇用は認められなかった。最初設定した業務が終われば解雇するのは当然という仕組みは、不合理と言わざるを得ない。

組合が求めた「目的限定職員としての継続雇用」を求め、名古屋大学でプロジェクト雇用の職員について行われている学内公募のシステムを紹介し、東北大学でも同様の運用が可能であるはずだと主張したが、そのようには運用できないという回答だった。限定正職員制度には、解雇回避努力は不要なのか。厚労省は「解雇回避が求められる」と示しているが、その根拠となった報告書（二〇一四年に厚労省に提出された（独）労働政策研究・研修機構のレポート）を紹介する。限定正職員の解雇には、整理解雇と能力不足解雇があるが、整理解雇（事業所閉鎖や職務の廃止等で業務が無くなった場合など）では「限定性のゆえに、整理解雇法理（四要件・四要素型判断枠組）を採用しない旨を一般論として明言する裁判例」は無く、「整理解雇法理（四要件・四要素型判断枠組）およびこれに準じた枠組を用いて判断したと解される事例」は二一件だった。すなわち、整理解雇法理（四要件）を否定する裁判例はなく、当局が説明する「そういう制度なのだから解雇は問題ない」という理屈は通らない。「解雇は、客観的に合理的な理由を欠き、社会通念上相当であると認められない場合は、その権利を濫用したものとして、無効とする（労働契約法一六条）」のであり、目的限定職員・限定正職員制度が解雇回避努力を否定しているなら、制度自体が法令違反であり無効であるといえる（なお、その後二〇二〇年度の団体交渉の結果、解雇された目的限定職員が、時間雇用職員として雇用されるよう学内で情報共有すること、再び限定正職員試験を受ける際の制限を緩和することは実現した）。

目的限定職員は、使い勝手のよい「便利」な職種であることがわかってきた。若手教員や研究支援職員を、五年を超えて雇用しつつ、プロジェクトが終了したり、教授が退職したり、予算が切れたりしたら、自由に解雇するのである。時間雇用職員なら五年、任期付教員なら五年から一〇年（「研究開発システムの改革の推進等による研究開発能力の強化及び研究開発等の効率的推進等に関する法律及び大学の教員等の任期に関する法律の一部を改正する法律」〔二〇一八年四月施行〕により、大学等及び研究開発法人の研究者、教員等については、無期転換申込権発生までの期間を五年から一〇年とする特例が設けられた）を経過した時点で無期転換権が生じるため、現状制度では雇止めせざるを得ない。しかし、目的限定職員にしておけば、その縛りを受けないのである。

ちなみに、当局による試算データによると、限定正職員制度を導入したことによって、人件費増額分が一・八億円だったとのこと。その予算があるなら、財政上の必要性を理由に大量雇止めをせずに、できることがあったはずである。

3—4　大学当局の主張

東北大学が、大量雇止めについての理由説明を公にしたものは少ないが、雇止めを行った二〇一七年三月末に学内宛出された文面を紹介する

東北大学における准職員・時間雇用職員の雇用制度について

1．非正規職員の有期雇用

本学の非正規職員の有期雇用については、国立大学法人化以前の昭和五五年七月から、一事業年度を超えない範囲での雇用期間であるとともに、通算契約期間の上限を三年以内とする規定があったものですが、平成二六年四月一日を施行日（通算契約期間の起算は平成二五年四月一日）として、労使合

意の上で、通算契約期間の上限を五年以内に延長する就業規則の改正を行ったところです。以降、有期雇用契約の締結・更新に際し、更新の上限を具体的に労働条件通知書（兼同意書）に記載し、非正規職員の同意を得ているものです。雇用に関する手続きを適切に行ったうえで、有期雇用契約の締結後、雇用年数の上限に達した場合、その有期雇用契約は終了となります。

大学の運営は、国からの運営費交付金によるところが大きく、本学の運営費交付金は法人化となった平成一六年度と比較して平成二九年度は約八一・五億円の減となっております。また、非正規職員の雇用財源の五割を不安定要素のある外部資金に依存しており、今後も運営費交付金の減少が予想される中で、現状の非正規職員の規模を将来に渡って維持することは、大学の経営上困難です。加えて、非正規職員の方々が現在従事している業務については、今後も永続的に存在するかどうかは分からない状況であり、このような財源上の問題や業務の状況をも勘案して、非正規職員の雇用年数に上限を設けて運用しており、今後も同様の運用は避けられないものと考えております。

※人数はいずれも平成三〇年一月一日現在

2．非正規職員を無期雇用とする登用・採用制度

本学では、意欲の高い優れた人材を確保するため、新たな人事制度（限定正職員等）を整備するとともに、改正労働契約法の趣旨を踏まえ、無期転換を行うこととしております。

① 就業規則等により従来から更新上限の適用がないと整理されている者については労働契約法第一八条に基づいて無期転換を行う。

・昭和五五年七月以前に任用された准職員、平成一六年三月三一日以前から継続雇用されている時

間雇用職員等の申し込みにより無期労働契約に転換する（二二六名）。
・非常勤講師、医員等（八〇九名）についても通算雇用期間が五年を超えれば申し込みにより無期労働契約に転換する。
②障害者雇用促進法等法令に基づき雇用が求められる人材については無期の非正規職員として採用する（二一名）。
③本学に三年以上在職する非正規職員を対象として、意欲が高く優れた人材を任期の定めのない限定正職員に採用する（合格者六六九名）。
④非正規職員等を対象に登用試験を実施し、事務系業務に従事する正規職員に登用する。

なお、本文第一段落において「労使合意の上で、通算契約期間の上限を五年以内に延長する就業規則の改正を行った」との記載があるが、本件で労使が合意した事実はなく、訂正を抗議・要請し、削除された。

また「有期雇用契約の締結・更新に際し、更新の上限を具体的に労働条件通知書（兼同意書）に記載し、非正規職員の同意を得ている」ことについては、訴訟においても論点になっているが、「不更新条項が記載された雇用契約書への署名押印をしていても、承諾しないと雇用継続できない文書であり、それによって雇用契約を終了させる旨の明確な意思表示とするのは相当ではなく、更新への合理的期待は否定されない」ことは、種々の判例からも明らかになっている。

末尾に正規職員への登用が記しているが、二〇一〇年から二〇一九年の平均登用人数は、たった一・〇名／年である。

さらに、当局の大量雇止めに対するスタンスを理解するために、団体交渉（二〇一八年二月七日）における当時の労務担当理事（東北大学の団体交渉には、法人化以降、総長は出席せず労務担当理事が対応している）の発言を記載する。

「本学をとりまく財政状況を説明してきた。中期目標期間中に五億円以上も、基盤的部分が削減される。二九年度だけでも正規の教職員の人勧対応部分だけで二・五億円。物件費も一・六％削減。部局経費から雇用されている教員、年俸制の教員は、毎年削減されている。その中で、若手の教員は任期付きで対応せざるをえず、我が国の科学技術研究にとって危機的な状況だと思う。そのうえで、五年前に適正に適応に成立している雇用の上限をもって雇止め、というか契約の終了する人について、それを超えて、そこに規定されていないことをもって、希望者全員無期転換ということはできない。要するにこういった財政状況の中で、非常勤職員、非正規職員の規模を今後とも維持できない。技術革新等によって、業務が削減されているし、改善すべきものもいっぱいある。その中で正規職員に加えて、非正規をどのように配置するかを、財源の問題とともに考えなければならない。もっといえば、第三の職種。教員と技術職員、事務職員の中間のＵＲＡだが、知材等新しい職種の雇用も急速に求められている。人材の奪い合いになっているところで、その雇用財源をどうするか。組合はそれに対して回答がない。どこから財源をもってくるのか。」

「他大学、そのとおり。しかし、上限撤廃した大学はある。そういったところがなぜできているのかは実はわからない。聞こえてくるのは、大変なことになるということ、非常によく聞こえている。本部の財務担当者も言っている。部局からの声もいろいろと聞こえてくる。先が見えてやっているのかはわからない。我々としては他大学の判断はまねするつもりはない。責任をもった大学運営はそれではできない。

所与のものとしてあきらめているという話。第三期中期計画中の一・六％の機能強化係数は決まったこと。二年ほど変わっていないのは、他の補助金を入れているから。基盤的経費は減っている。本来、無期の人は基盤的経費から、安定雇用のためには必要。本学ではすでにそれができない。他大学より悪く、職員人件費を総長裁量経費から七・五億円、間接経費から二・四億円、一〇億円を二八年度から出している。二八年、二九年はとんとん、もしくは余剰があって人勧に対応できたが、この中期計画中に赤字に転落することはすでに既定のこと。プラスになればそれに越したことはないが、恒常的な人件費をそこに依存することは、経営判断としてできない。

痛みを非常勤にだけ、というが、すでに痛みは、教員に出ている。説明してきたように、雇止めが法令に反したこととか、突然出てきたことというならば別だが、国立大はすでに中期計画に書いていたこと。法人化以降、就業規則で三年と書いてきたわけで、例外はあったが、そういったことを実施してきている。その批判はあたらない。残念だ。」

殊更、財政上の必要性を強調するが、東北大学の事業規模は、右肩上がりである（財務報告）。時間雇用職員も、二〇一八年五月は一七九七名だったが、二〇一九年五月には一八四一名に増加している。当局は、状況的な数字を並べているだけで、無期転換できない理由をまったく示していない。少なくとも、シミュレーションを行い、その結果を示すべきである。このことは、後述する宮城県労働委員会の命令書にも明記されたことだ。どうしても財源が足りないならば、どの規模なら無期転換できるのか、もしくは財政破綻した場合の雇止めルールをどうするか、という議論になっても仕方ない。

現場では、理事の説明とはまったく逆の光景が起きていた。東北大学は、同じ業務の非常勤職員の公募をハローワークに出していた。雇止め対象の方が、次の職を求めるためハローワークに行き、自分の後任の求人を見た時には相当にショックだったという。さらには、後任の方に仕事を引き継ぐのは辛かったという。東北大学は、非常勤職員を消耗品のように入れ替えたのである。労働審判や労働委員会等で、東北大学当局が主張する「財政上の必要性」を、みずから否定するものであった。予算も業務もあるのである。雇止めの必然性はなかったのである。

3―5　年譜

〈法人化前後：基本的に更新上限はなし〉

一九八〇年　部局長会議了解事項：准職員について通算契約期間の上限を三年。しかし部局を換えての継続雇用は可能だった。なお時間雇用職員には雇用更新の上限なし。

二〇〇四年四月　国立大学の独立行政法人化。就業規則上、准職員・時間雇用職員につき三年の更新上限が定められる。この更新上限は「職務の特殊性等により、総長が特に必要があると認めるときは、三年を超えて雇用期間を定め、更新することができるものとする」という例外を含むものであった。

二〇〇七年「時間雇用職員の雇用期間について」（人人任二）で、更新上限を超える雇用を制度化。ただし、部局を換える、職種を換えるなど、この制度によらない雇用更新も行われていた。

〈就業規則改正：一年遡及して適用〉

二〇一四年　就業規則を改正し、更新上限を五年とする。通算契約期間はリセット。適用を一年遡及し、二〇一三年四月一日以降に締結した雇用契約から、二〇一三年四月一日を起算日として新たに通算。しかし、更新上限は「原則として五年」であり、これを超えて更新したものは無期転換権を行使して無期雇用となることを前提に、五年を超える条件について組合との交渉が行われていた。

二〇一六年二月　改正労契法に対応するための人事方針案「准職員・時間雇用職員の無期転換について」が部局長連絡会議で報告された。「部局からの推薦に基づく雇用更新により無期転換を行う」制度だが、その条件は正規職員への登用試験並みに厳しく設定されており、これまで更新されてきた職員を含め、多くの非正規職員が雇止めとなることが危惧され、これ以降、組合は雇止め阻止の運動を活性化させた。

二〇一六年二月　東北大学と組合は確認書を締結。確認書第二項では、五年経過後に無期転換が可能であることを前提に、「部局は、業務遂行能力・意欲等が高い准職員や時間雇用職員について、五年経過前に無期転換するよう本部に推薦し、承認を求めることができる」と確認した。

二〇一六年六月　東北大学は、石嵜・山中法律事務所とコンサルタント業務契約を開始。

二〇一六年九月　改正労契法に対応する人事方針案の改訂案が部局長連絡会議に報告された。「部局推薦の契約更新による無期転換」である点は二月方針と同じであるが、その条件を緩和したものであり、組合も一定の評価をした。

二〇一六年一〇月　平成二八年九月二〇日の人事方針案に基づいて無期転換者の選考のための部局からの推薦が行われる予定であり、一〇月一一日にはそのための事務説明会が予定されていたが「諸般の事情で延期」された。一〇月一七日、組合に対して「諸般の情勢の変化によって、原点に立ち返って見直し、方針を頑張って年内に出したい」との説明がなされた。

〈方針転換：無期転換逃れに舵を切る〉

二〇一七年一月　新人事方針が部局長連絡会議で報告。「原則五年上限」であったはずの更新限度は、例外なく五年までと解釈変更。労契法一八条に基づく無期転換は一切行わず、全員を雇止めた上で、試験により限定正職員を採用する。合格条件の中では、継続して働いていたことは考慮されない。限定正職員の定年は六〇歳とされたため、原告（後述）は応募すらできなかった。

二〇一七年九月　限定正職員試験実施。

二〇一七年一一月　限定正職員試験合格発表。

二〇一八年一月　無期転換問題についての論点を網羅した質問要求項目を大学当局に提出。

二〇一八年一月　ハローワークに、雇止め予定ポストの募集が掲示される。「雇止めを前提とした後任人事募集を凍結すること」を大学および部局に対して申し入れ。また宮城労働局に対して、雇止めを前提とした求人募集を受理しないよう要請。

二〇一八年二月

・労働審判　二〇一八年二月一日、六人（一名は取り下げ）の准職員・時間雇用職員が地位確認、雇止めの撤回を求めて労働審判を申し立てた。

・労働委員会　二〇一八年二月二〇日、東北大学職員組合が、宮城県労働委員会に労働組合法第七条第二項に該当する不当労働行為の救済を求める申立を行った。

二〇一八年三月　非正規職員三一五名の雇止め

二〇一八年四月

・仮処分　二〇一八年四月四日、一名が、本件雇止めが労働契約法一八条が定める労働者の無期転換申込権の発生を妨害・阻止する目的で行われたものであり違法無効であるとし、仮処分命令申立を行った。

二〇一八年五月　大野新総長の着任（二〇一八年四月）にあたり挨拶会見を行った。着任を祝してメッセージを付した花束を総長に手渡した（以降、総長は組合と直接合うことを拒否している）。

二〇一八年七月　「東北大学と石嵜・山中総合法律事務所との業務契約および業務委託に関する契約書・発注書・支払い明細書」の開示を求める情報公開請求（第二回は二〇一九年三月）。

二〇一八年九月　総長及び全理事宛の「『大量雇い止め』方針の撤回を求める署名」を八三八七筆、大槻人事労務担当理事に直接手渡す（その後二〇二〇年一月には一万筆を超え、二〇二〇年六月二六日に追加分一九〇九筆〔累計一万二九六筆〕を下間労務担当理事にマスコミ取材下で提出した）。

二〇一八年一一月　裁判開始

二〇一九年一月　大槻労務担当理事が当然退任。後任として下間理事が着任。

二〇一九年二月八日　組合は二月六日、下記一月三一日回答を踏まえたビラ「前年度、六〇〇人規模で雇い止めや離職!?　解雇が予定された『無期』雇用三七六人」「二〇〇四年度以降採

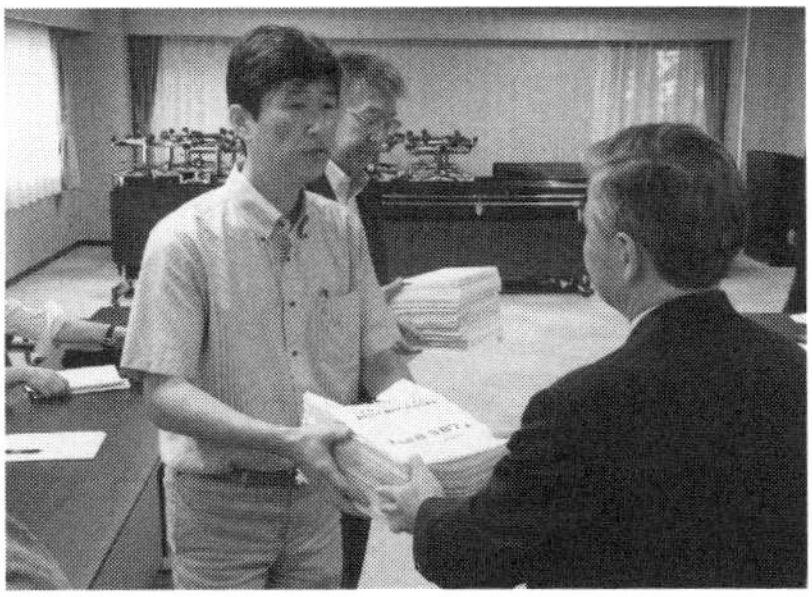

大槻理事に 8387 筆の署名を提出（2018 年 9 月 27 日）

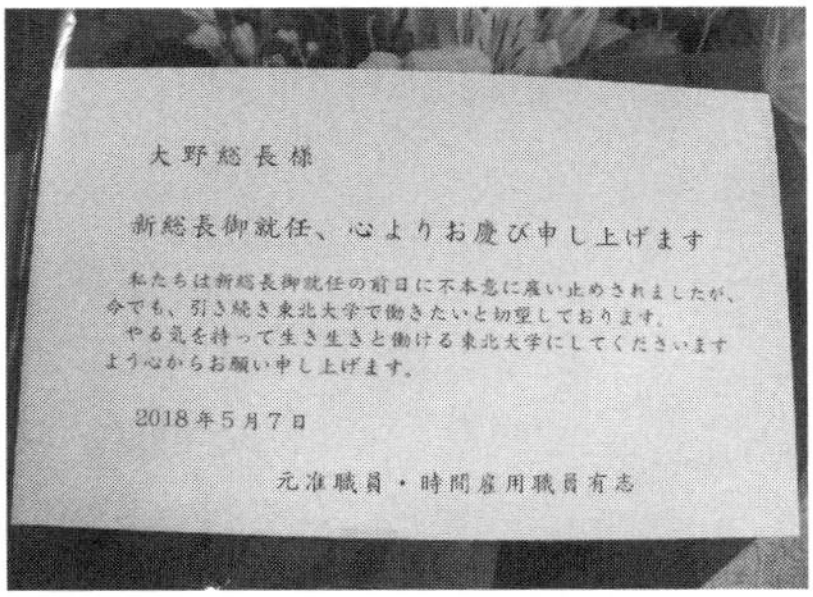

総長に手渡した花束に付した雇止めされた方々からのメッセージ

用の反復更新者で無期転換申込権獲得は一人⁉」「一三七〇人が今年度の『限定正職員試験』の合否や『雇止め』が問題に⁉」

二〇一九年三月　「労働基準局長からの事務連絡とそれを受けた文科省からの事務連絡」　労働契約法の趣旨に照らして、無期転換申込権が発生する五年を経過する直前に、一方的に、使用者が契約の更新上限を就業規則に設け、これに基づき無期転換申込権の発生前に雇止めを行うことは、望ましくないと明記。

二〇一九年三月　非正規職員一七五名の雇止め、限定正職員一五名解雇。

二〇一九年一一月　宮城県労働委員会から命令書　不当労働行為認定。

二〇一九年一一月　東北大学が中央労働委員会に「再審査申立」。

二〇二〇年三月　非正規職員二五名の雇止め、限定正職員一一名解雇。

二〇二〇年九月　中央労働委員会　和解成立。

下間理事に追加分 1909 筆の署名を提出（2020 年 6 月 26 日）

4　たたかいと勝利

4―1　ストップ雇止め！　ネットワークみやぎ

二〇一七年の新人事方針が出されて以降は、「希望者全員を無期転換」という方針一本で大学当局と組合の団体交渉に取り組んだ。さらに、意見書・要求書・質問書および当局からの情報を学内に広めて学内議論を喚起しつつ、非正規職員からの要望や声を聞く座談会やメルマガを繰り返した。しかし、大量雇止めの可能性が強くなり、当局の固執ぶり明らかになってきた二〇一七年一一月に、改正労働契約の趣旨を逸脱する雇止め方針は脱法行為であることを企業・関係団体等に訴え、無期雇用転換権の労働者を支援し、社会的世論を作るため、「ストップ雇止め！　ネットワークみやぎ」を結成した。その結成集会は仙台駅横のＡＥＲで行われたが、部屋に収まりきらない参加者が廊下で聞いてくださっていた様子が今でも思い出される。

本会「ストップ雇止め！　ネットワークみやぎ」の趣旨は以下のとおりである。

「東北大学の准職員・時間雇用職員雇止め問題は、東北大学だけの問題ではなく、宮城県内、全国の非正規労働者の問題でもありま

熱気に満ちた「ストップ雇止め！ネットワークみやぎ」の結成集会（2017 年 11 月 28 日）

す。東北大学職員組合は、これまでも宮城県内の労働組合の連合体である宮城県労働組合総連合（県労連）の支援を受けてこの問題に取り組んできました。さらに、自由法曹団宮城支部とも連携してこの問題に取り組むこととし、運動連合体としてのネットワークを結成することとしました。自由法曹団は大正時代の労働争議についての調査団をその発足の起源としており、労働問題に長く取り組んできた実績と経験があります。

ネットワークみやぎは、東北大学だけでなく県内での同様の雇止め問題の解決に取り組み、さらに、現在進められようとしている労働法制の改悪（残業代ゼロ法案、過労死ラインを合法化する労働時間規制法案、正当な労働報酬の受け取りを困難にする非雇用型労働の拡大、同一労働同一賃金を掲げながら正規と非正規の格差の固定を容認する、などなど）についても、その問題点を明らかにし、労働者の権利の擁護拡大に取り組みます。」

県内には、労働争議をたたかってきた歴史の蓄積があった。私は労働争議はもちろん初めてであった。東北大学職員組合も結成して七〇年になるが、そのような経験はなかった。私はよくわからないまま、立場上加わっていったのであるが、これはただの協議会ではなく、高度に組織された運動体であった。すなわち、争議の主体である当事者および私たち組合、裁判所、労働委員会に対して直接相対する弁護士・弁護団、取り組みと運動として展開し組合と弁護団を支える共闘団体が、各々の役割を全うしないと労働争議はたたかえず、その三者をまとめるのがこのネットワークみやぎなのである。実際に、組合の執行委員会、弁護団会議、ネットワークみやぎの打ち合わせは定期的に行われ、綿密な取り組みが実施されていった。弁護士事務所での会議や打ち合わせを頻繁に行い、また街頭宣伝やデモなども実施した。後述するが労働争議の組み立て検討や書面作成、審理の対応は、大学の組合だけでは不可能である。資金面でのバックアップも含め、その有形無形の支援の大きさは、計り知れない。

組合以外の方々は、多くの経験を有しており、争議の戦略戦術も各々の考えがある。運動の展開についても、各々の流儀や好みがある。一方、弁護団が作成する意見陳述書や種々の書面は極めて綿密でかつ膨大である。関わっている方々は皆ボランティア。「疲れた」「やってられない」「もう辞める」。長期に渡る争議の中で、誰もこんなことを口にしなかったし、取り組みを後退させるような行動を起こさなかった。崇高な目的に集う方々の姿勢も崇高であると思う。

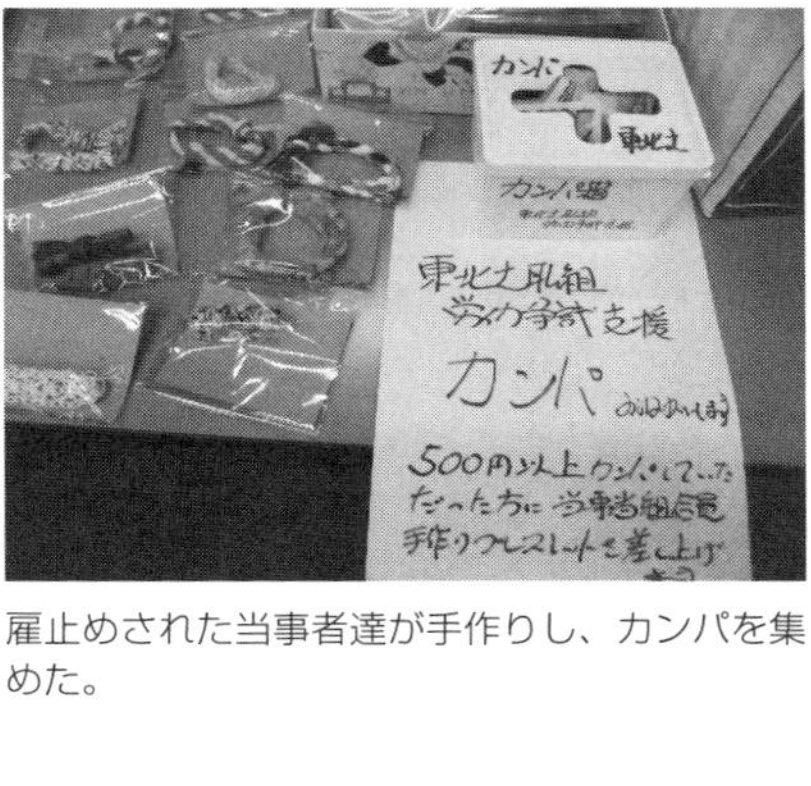

雇止めされた当事者達が手作りし、カンパを集めた。

4−2　労働争議

その間私達は、総長宛の公開質問状「有期雇用職員の無期転換問題に関する質問状（二〇一七年九月二七日）」、アピール「東北大学非正規職員の大量雇止めに対する、東北大学退職者のアピール（同年一〇月四日）、四種類のビラ「准職員・時間雇用職員の皆さん　名古屋大学では非正規職員の無期転換が実現」「正職員のみなさん　私たちが法律どおりの無期転換を求めるのは働く人を大切にする大学を望むからです」「東北大の大量雇止めの理不尽さ　違法のおそれを新聞が大きく報道」「東大、東北大……国立大学で進む『雇用崩落』の大問題」（同年一〇月一〇日）、見解「限定正職員の採用発表に関する組合の見解――大量雇い止めの危機は変わらない――（同年一二月九日）」を発表し、その後一二月に団体交渉（以下、団交）を申し入れ、一二月二五日の団交に至った。その場で、大学当局は「五年での一律雇止め方針を変えない」と回答、加えて「部局は無期転換を求めることはできるが、詳細は弁護士と相談して後日回答する」と述べた。私達は団交のみでは問題解決が困難であること、担当理事には交渉能力がないと認識し、労働争議を検討し始めた。同時に、組合ではいくつかの部局において約二〇回の労働相談会を行い当事者の声を直接聞いた。その経過の中で、七名が労働審判を申し立て、一名が仮処分を申請するに至った。

無期転換問題は、私立公立を問わず複数の大学を掛け持ちしている非常勤講師にはより切実であった。首都圏大学非常勤講師組合が、早稲田大学、立正大学等で、継続雇用や無期転換を実現していた。また、国立大学においては、文科省による九〇大学の調査結果によると、「契約更新に上限を設けない」一〇％、「契約更新に通算五年以内の上限を設けるが、別途の無期転換制度が既にある」四・四％、「契約更新に原則として通算五年以内の上限を設けるが、一定の要件を満たした場合に、通算五年を超える更新を認める」二三・三％、「契約更新に通算五年以内の上限を設けるが、一定の要件を満たした場合に、通算五年を超える更新を認める、かつ別途の無期転換制度を設ける」四・四％、「契約更新に通算五年以内の上限を設ける（別途の無期転換制度はない）」一〇％、「職種によって異なる対応を行う」五七・八％、であった。

契約更新に上限を設けないのは、秋田大学、福島大学、埼玉大学、東京大学、お茶の水女子大学、浜松医科大学、愛知教育大学、三重大学、長崎大学である。多くの大学が、非常勤講師は更新上限を設けず、その他教職員は、原則五年上限であるが、一定の条件もしくは特に必要と認めた場合に更新し無期転換可能としている。仙台市内の他大学（国立、県立、私立）においても無期転換が行われた。なぜ東北大学ができないのか、という批判がマスコミでも展開された。東北大学は無期転換逃れに固執しており、全国的にも際立っていた（『河北新報』二〇一八年三月二二日）。大学の職員組合の全国組織である全大教傘下組合を中心に、各地の大学や、大学以外の組合からも東北大学は注目が集まった。支援活動も広まり、全国の仲間から激励やカンパが届いた。東北大学は無期転換逃れに固執し事態は硬直していた。私達は「希望者全員を無期転換」という要求を貫き、その要求を実現するためには、学内世論形成や団体交渉だけでは事態を打開できないと判断し、労働争議を開始した。

〈労働審判・民事訴訟〉

二〇一八年二月一日、六人（一名は取り下げ）の准職員・時間雇用職員が地位確認、雇止めの撤回を求めて労働審判を申し立てた。二班に分かれて、雇止めが予定された組合員の男性一名、女性五名が地位回復を求め、仙台地方裁判所に労働審判を申し立てた。当局は審判の進行について「非正規職員の雇用実態を踏まえた全体的な審理が不可欠であり、また労働審判手続の結果が三二五二名に上る他の労働者に影響を及ぼすため、労働審判手続には適さない」として民事訴訟への移行を主張した。二班いずれも裁判所からの斡旋が示されたが、大学当局は即拒否。その結果、労働審判が示されずに審判手続が終了となった（二四条終了）。その場合、継続していた地方裁判所に訴え提起があったものとみなされるが、実際に訴えたのは男性一名となった。労働審判は匿名で進められるが、訴訟はおのずと知られること、同じ裁判所で行われるものであるが「裁判」という名前からハードルが高く感じられたようだ。家族への説明も難しかったと聞いた。

労働審判の二四条終了にともない、訴訟に移行したのは男性一名。原告は東北大学経済学部の当時六〇歳の組合員である。二〇〇四年四月から、経済学部の時間雇用職員（教育研究支援者・週三〇時間）として、一年間の有期労働契約を結び、反復更新を繰り返して勤務していた。主な業務は学生連絡ネットワーク製作の補助業務、ＩＣＴルームのパソコン管理業務、授業資料の作成及び印刷および経費集計業務などであった。すなわち、就業規則改正以前から継続して一二年雇用されていた職員である。そして雇止めされた数日後の二〇一八年四月四日に、仙台地方裁判所に対して地位確認請求を起こした。

訴訟の意義は「有期雇用契約を一二年間、継続して毎年更新してきた原告が、二〇一八年三月三一日に雇止めされた事案。原告と同様に、長期間にわたって契約更新を繰り返してきたにもかかわらず、東北大学から雇止めされた有期雇用契約者は多数にのぼる。本件訴訟は、本件雇止めが労働契約法一八条に基づく無期転換申込権の発生を阻止する目的でなされた違法無効なものであることを明らかにし、原告の労働契約上の権利、労働者としての尊厳の回復を求めるものである」というものである。

内容としては、原告の雇止めが客観的に合理的理由を欠き、社会通念上相当であると認められず、違法無効であることを、以下の理由をもとに主張したものである。

・本件雇止めは労働契約法一八条の脱法行為であること
・被告が導入しようとしている「限定正職員制度」は無期転換ルールとはまったく異質のものであり代替たり得ないこと
・他の大学も無期転換ルールを受け入れていること
・財政上も問題ない
・原告の個々の能力等に問題はない
・満六〇歳を超える者に対する雇止めにも客観的合理性・社会的相当性は認められない

〈仮処分〉

二〇一八年四月四日、一名が、本件雇止めが労働契約法一八条が定める労働者の無期転換申込権の発生を妨害・阻止する目的で行われたものであり違法無効であるとし、仮処分命令申立を行った。本件、大きな壁にあたり、取り下げることになった。解雇された労働者は職を失うだけではなく、賃金という生活の糧を失うため、地位保全仮処分、賃金仮払い仮処分を求めるのが仮処分である。しかし裁判所は、申立人の家族の預貯金や生命保険に関する証拠提出を指示した。本来は損害部分の仮払いの可否を判断すべきところ、その賃金が「唯一の生計手段」かどうかが質されたのである。家族とはいえ、独立した子息の預貯金を調べることなどできず、また生命保険を解約すれば生活できるだろうというメッセージとも受け取られる判断には、到底承服できず、取り下げに至った。

〈労働委員会〉

二〇一八年二月二〇日、東北大学職員組合が、宮城県労働委員会に労働組合法第七条第二項に該当する不当労働行為の救済を求める申立を行った。

請求する救済の内容としては、「非正規職員の雇止めについて、組合から団体交渉を求められたときは、資料を提示して回答の根拠について十分に説明し、無期転換者を認めないことに固執することなく、誠実に交渉に応じること」である。不当労働行為として訴えた案件は種々あるが、主なものは以下のとおりである。

大学当局が二〇一六年一〇月一八日「無期転換に関わる人事方針を見直し」として制度の内容等を再検討することを表明した。その後、二〇一七年一月一七日に部局長連絡会議で大量雇止めの根拠となる新方針を発表したのだが、その直前に開催された二〇一六年一二月一五日の団体交渉が著しい不誠実団交だった。

組合は新方針について説明を求めたが、当局は「現時点では検討中なので、本日いろいろと聞かれても検討中としか答えられない」「内部でも案として固まっている状況ではないので、そうしたものを出すと無用の混乱を招くので、申し訳ないがいましばらく時間が欲しい」「大学として、考えとして示せる段階ではない」として説明を拒否した。しかし、年末年始を挟んで翌月一月一七日には新方針を出したのである。

その新方針発表直後の一月一九日の団体交渉においても、「働き方改革実現会議の考え方、あるいは情勢を鑑みてより良い制度を作ろうとしてきて、今回の提案をした」との説明で、新方針に示された上限五年で雇止めすること、限定正職員制度を導入する必要性については、まともに回答しなかった。

その後組合は、当局との信頼関係が損なわれたと判断し、交渉打ち切りを伝えて団交は中断した。その後、大量雇止めが現実化する緊急性に鑑みて交渉を申入れた。二〇一八年一月五日には質問要求項目を送付し回答を求めた。しかし、その後の二月七日の団体交渉における説明、および三月七日の回答が、一部についてのみであり事実上回答拒否だった。非正規職員の大量雇止めに必然性についての説明や根拠資料がまったく示されず、不誠実な対応に終始したのである。

中立人（職員組合）、被中立人（東北大学）の双方は、二〇一三年施行の労働契約法改正から、大量雇止めが生じた二〇一八年三月までの本件に係る大量の証拠書面を出し合い主張を繰り広げた。私は県の労働委員会は単なる行政的な判断の場と思っていたが、裁判と同様の進行であった。執筆者の一人・片山も意見陳述を行ったので、以下掲載する。

二〇一八年四月一〇日

意　見　陳　述

東北大学職員組合　執行委員長　片山知史

二〇一三年四月に行われた労働契約法の改正で、有期契約の労働者が通算五年を超えた場合、誰でも、自分で申し込めば無期契約になれるとされました。しかし、東北大学当局は、非正規職員をちょうど五年で雇止めすることにより、無期契約を回避しようとする方針を打ち出しました。しかも、法改正前から五年を超えて働き続けている人でさえ「今が五年目」として雇止めするというものであり、いわば大量不当解雇です。この方針の影響を受ける非正規職員は、二〇一八年三月末に数百人おり、二〇二〇年三月末までには合わせて千人を超えると見積もられています。法改正を逆手にとり法の趣旨とまったく反する方針であり、全国的にも類例のない極めて異常な事態です。

東北大学職員組合では、組合員・未組合員問わず、非正規職員の希望者は全員が無期転換することを求め、当局に要求してきました。しかし、東北大学は雇止め方針に固執し、まったく職員組合および教職員の声に耳を傾けようとしません。それどころか、団体交渉になかなか応じない、質問要求項目にまともに回答しない、団体交渉では求める資料を出さないなど、不誠実交渉を続けています。

私は当局の不誠実交渉は、以下の点に集約されると考えています。

・労使対等の原則を無視

非正規職員の上限年数を三年から五年に変更すること（五日後に部局長連絡会議で決定）を隠して、

団体交渉では「労働環境についての情勢の変更に鑑みてより良い制度がないかどうか検討する」と述べて、検討内容については説明しませんでした。労使対等の原則を踏みにじり、労使がお互いの要求を示しつつその妥協点を探る交渉の場を変質させました。

・不利益変更であることすら認めない

上記のように、非正規職員の雇用期間を「原則三年、総長が必要と認める場合は四年目以降の更新も認める」から「原則五年」に変更されました。大学当局は、この変更について、当時も現在も「三年を五年に延長しただけであり、不利益変更ではない」と説明しています。しかし、この変更は「例外なく五年で打ち切る」ことを内包しており、大きな不利益変更であることは明白です。組合との交渉案件とせずに不利益変更を素通りさせるという、まさに組合軽視の不当労働行為であると考えます。

・雇止めに対して、その合理性、必然性の説明がない

大学組織として、雇止めが避けられないのかどうか。この点は、非正規職員のみならず、雇用される教職員にとっては、極めて重要なことです。当局はこの点について「財政的理由」を挙げます。しかし、その根拠を数字で示すよう求めた組合の要求に対して提供されたのは、収入の一部（運営費交付金）が、年々約五億円ずつ減額されていくという機能強化促進係数（一・六％）のことのみで、雇止めの直接的な説明はありません。加えて、東北大学の収入は減少しておらず、財政状況が逼迫しているわけではありません。そのことを隠しての説明は虚偽と言わざるを得ません。

・期待権、無期転換権の発生を阻止する無期転換逃れは明らか

大学としてクーリングの規定はありません。しかし、部局ではクーリングが組織的に運用されようとしています。組合ではその事実（文書や人事担当の発言など）を示し、「東北大学にはクーリング規定がないことの文書での周知、クーリング期間の六か月を待たずに採用できることを周知してほしい」と要求しました。しかし当局は「事実関係を調べて適切に判断する」として先送りしたのみならず、対応自体を拒否しました（平成三〇年三月一三日の回答文書）。本質的な問い（クーリングなしの雇用）にはまったく答えない不誠実交渉であると考えます。

上記のように、改正労働契約法への対応をめぐっての東北大学当局の態度は不誠実であり、説明も不十分であり、場合によっては虚偽ですらあります。東北大学当局には、一連の不誠実交渉を行ってきたことを謝罪し、組合に対して真摯な対応に改めること、改正労働契約法の趣旨に沿って希望者全員の無期転換を実現させることを強く求めます。

以上

そして、テレビのドラマで見られるような、裁判所法廷での激しいやり取りが行われる証人尋問もあった。東北大学職員組合からは、委員長の片山と、田嶋副委員長、大学当局からは、労務担当の大槻理事、人事企画課の目黒課長。労働委員三名からの質問に加え、双方弁護士からの詰問も。資料やメモを使うことはできないので、失言が無いように、情報と論旨をしっかり頭の中に整理して臨んだ。しどろもどろになっても大勢に影響はない、と言われていたが、大舞台であることには変わりない。私（片山）は、自分の子どもたちや研究室の学生に、「面接の際には、面接員の突っ込みを怖が

るのではなく、私のことを聞いてくれてありがとう、という気持ちで臨め」とアドバイスしていた。そもそも労働委員会には、私たちの訴えを聞いて欲しくて申し立てしたわけなので、絶好の機会と捉え直して臨むことにした。

出来は……。後から思えば、もっと適切な受け答えがあったと思うが、何か私達の主張に賛同する空気（雰囲気）を感じたことを覚えている。尋問の部屋には、労働委員、参考人、傍聴人のほかに、労働委員会の一〇名程度の県職員が運営を担うため入っているが、一見無表情のその県職員の皆さんが、頷いているように見えた。居合わせた方々の意思が労働委員に伝わったような気がした。

宮城県労働委員会がある宮城県庁。証人尋問（2018年11月28日）もここで行われた。

労働委員会が始まって、二〇一八年二月二〇日に申し立ててから、ちょうど一年後の二〇一九年二月一八日に結審。約半年で判断が示されるといわれていたが、結局二〇一九年一一月一八日に命令書が届いた。その内容は……。

4―3　勝利！　大学当局の不当労働行為が認定された

東北大学職員組合による不当労働行為の救済を求める申立について、宮城県労働委員会は二〇一九年一一月一四日付の命令書において、東北大学当局に対して、具体的な資料を示すなどして誠実に対応することを命じる命令を出した。非常勤職員の無期転換を要求する団体交渉に対して、雇止めに係る当局の対応が不誠実であり、「不当労働行為」と認定されたのである。

組合の書記局宛に届いた命令書を開封したのは、本著者の組合専従職員（書記）小野寺。入試の合否発表時のような緊張だった。すぐに弁護団に連絡して、その夜に書記局で記者会見を行った。在仙のほぼすべての報道機関が押し寄せた。翌日にはテレビ、新聞で報道され、東北大学の無期転換逃れが、再び世に晒されたのである

命令書の意義1

命令書の主文をみれば、労働委員会が何を問題視したかが理解できる。

「被申立人（東北大学）は、申立人（東北大学職員組合）との間で准職員及び時間雇用職員の無期転換に関する団体交渉を行う場合において、希望者全員を無期転換した場合の財務の見通しなどに関する質問に対して、無期転換を希望する人数などを踏まえるなどした資料を提示した上で、人件費や財務への影響について具体的に説明し、誠実に対応しなければならない。」

すなわち、無期転換できないなら、大学側は財務上の必然性を具体的な資料（シミュレーションを含む）を示して説明せよ、ということである。運営費交付金などの削減により、すべての国立大学は財政状況が厳しいが、東北大学自体の事業予算は一貫して拡大している。個別の雇用についてみても、もちろん業務は継続しており、また後任の採用も行われており、雇用更新を打ち切り雇止めする合理的理由はないのである。

命令書の意義2

さらに労働委員会は、東北大学に以下のことを命じた。

「被申立人は、本命令書写しの交付の日から一〇日以内に、申立人に対して、下記の文書を交付し

なければならない」として、「当法人が行った下記の行為は、宮城県労働委員会によって労働組合法第七条第二号に該当する不当労働行為が認定されました。当法人はこのことを誠実に受け止め、今後、このような行為を繰り返さないようにします。

1　貴組合に対して准職員及び時間雇用職員の希望者全員を無期転換した場合の財務の見通しについて十分に説明しなかったこと。

2　貴組合が平成三〇年一月五日に当法人に提出した質問要求書に対して、同年二月七日の団体交渉で誠実に対応せず、同年三月七日にも不十分な回答をしたこと」という文面が示された。

すなわち、無期転換の問題に関して、東北大学は組合に対して必要は資料を提供しなかっただけでなく、無回答だったり文面での回答を拒否したり、不誠実団交・不当労働行為を行ったということなのである。しかしその後の団体交渉においても、「希望者全員を無期転換した場合の財務の見通し」は示されておらず、回答拒否が少なくない。

不誠実団交の背景1

このように不誠実対応をせざるを得なかったのには理由がある。二〇一三年の改正労働契約法の施行を受け、東北大学は二〇一四年に就業規則を改定し、非正規職員の通算契約期間の上限を五年以内とし、二〇一三年に遡って適用した。そのため二〇一八年三月末に、約三〇〇名の大量雇止めが生じたのだが、このような東北大学の対応は、明らかに無期転換逃れである。雇止め自体に必要性・合理性がないのであるから、東北大学は組合に対して、資料を用いたまともな説明ができないので、どうしても不誠実な交渉となってしまったのである。

不誠実団交の背景2

もう一つの背景は、東北大学が無期転換の案件を労務担当理事に一任（丸投げ）し、さらに石嵜・山中総合法律事務所の言いなりになってしまったことである。東北大学は少なくとも二〇一六年までは、部局の判断で無期転換可能としていた。しかし東北大学は、同法律事務所が無期転換逃れの策として企業等に勧めていた「限定正職員制度」を導入したため、無期転換を一名も認めないことにした（法人化前からの非正規職員を除く）。東北大学はみずから手足を縛った状態となってしまい、組合との団交においては一切の妥協ができなくなり、労働審判においても裁判所からの和解案を取り入れることができなくなったのである。

本命令の社会的意義

改正労働契約法の趣旨に反し、多くの大学や企業において、更新の上限を五年以下とする就業規則が設けられ、無期転換権が発生する前に雇止めされるケースが少ない。今回の宮城県労働委員会の命令は、労働組合法および労働契約法の観点から、明確に法の順守を求めたものである。本命令が、社会全体の非正規労働者の雇用安定と待遇改善につながっていくことが望まれる。

大学当局の不当労働行為を認定する労働委員会命令が届き、その夜に弁護団とともに開催した記者会見（2019年11月18日　東北大職組書記局）。県内ほぼすべての報道各社が詰めかけた。

4―4　その後、舞台は中央労働委員会へ

上記のとおり、宮城県労働委員会は東北大学の不当労働行為を認定し、大学当局に対して誠実に対応することを命じた。東北大学のこれまでの対応に対しては、公的に法律違反の判断が示されたのであるから、東北大学は労務担当理事任せではなく、また同法律事務所との契約を解除し、総長および理事会が主体的に判断しなければならない。東北大学は、本命令の意義を真摯に受け止め、東北大学職員組合との団体交渉に誠実に対応し、早期に全面的解決を図るべきであった。

しかし大学当局は、命令書が届いた数日後に中央労働委員会に「再審査申立」、すなわち不服申立を行った。宮城県の公的な判断を真摯に受け止めず、大学の教員・職員（の組合）を相手取って中労委に申し立てを行った。しかも、理事会や経営評議会等の然るべき機関での討議を経ずに、労務担当理事へ丸投げして進めた。石嵜・山中総合法律事務所の言いなりで、組織として対応しなかったことは、リスク管理ができていないこと、そして責任者としての総長の不見識が示されたといわざると得ない。

中央労働委員会の第一回期日は、三月中旬に設定されたが、新型コロナ感染対応のため六月に延期された。その間、中労委の「結審まで時間を要すると見込まれる。長期化よりも、健全な労使関係に戻し、事案解決に進むことを望む」「中労委命令が出た場合、行政訴訟が行われる可能性が高い」「和解を検討したい」といったスタンスが伝わってきた。私達は、弁護団と討議を重ね、勿論安直な妥協はしないものの、県労委の命令書の要点「財務の見通し」と「質問要求書」についての求める提出資料を重要項目に絞り込んだ上で、その後の誠実交渉によって無期転換逃れに必然性・合理性・相当性のないことが明らかになることを目指す方向で、和解に向けた準備を進めた。

六月上旬の第一回期日においては、当局側代理人の弁護団は「今回不当労働行為とされた部分の法

的な検討」に関する準備書面を次回提出したい、と主張した。恐らく、徹底して引き延ばして、中労委命令が出ても行政訴訟を起こすものと推察された。しかし中労委は、「現在東北大の労使は、健全な労使の話し合いが出来つつある」ことを重視、労使自治の原則に戻れると判断した。また新たな事実や論点はないと見込み、書面や主張のやりとりを経ずに和解に向かうべきと断じた。当局側弁護団も、その考えを受け入れざるを得なかった。

その後の第二回期日は八月末に設定された。私達は、中央労働委の労働者側委員と、また弁護団と綿密に調節し、県労委の「希望者全員を無期転換した場合の財務の見通しを提示」「質問要求書に対して、団体交渉で誠実に対応」という命令趣旨を活かしつつ、「過去には不誠実団交があったものの、労務担当理事が二〇一九年一月に交替し、現在は、労使自治に基づく誠実な団体交渉が始まりつつある」「過去は問わないが、今後の団交で労使が討議するための、非正規雇用職員の無期転換に関する資料を提示すべし」というスタンスで、過去のことの扱いについては触れない和解内容に絞り込んで整えた。第二回期日で、中労委から具体的な和解勧告書の案が示されたが、ほぼ当方が整えた文面であった。

その日の中労委は蒸し暑い日中の一五時からの開会だったが、労使ともに一四時には到着しており、和解勧告書の内容と文面の検討と調整をしていた。私達は一部修正のみで直ぐに受け入れの意思を伝えたが、当局は開会まで、また開会後も、実に長い検討時間を要し、結局一七時前に閉会。しかも当局は「持ち帰り」判断とのこと。さんざん待たされた挙げ句、持ち帰りということで、大きな徒労感を感じた。当局は両日とも、中労委に現場で判断できる職員（理事や部長）を出席させておらず、責任を伴う判断ができなかったことが背景にある。第一回期日後ずっとそうだったのだが、中労委は東北大学の意見・姿勢が掴めないとこぼしていた。恐らく代理人（弁護士）任せだったのであろう。そのような労使案件に対する姿勢は、団体交渉の時も、無期転換制度設計の際も同じであり、それが不当労働行為に至る要因にもなったと思われる。

私達は和解手続きを終えた二〇二〇年一〇月七日に声明を発表したので、以下掲載する。

声　明

東北大学不当労働行為救済申立事件　労使関係の正常化で和解！

二〇二〇年一〇月七日　東北大学職員組合

二〇二〇年八月三一日に中央労働委員会は、中労委令和元年（不再）第六五号事件（以下「本件」という）に関し、申立人国立大学法人東北大学（以下「法人」という）と被申立人国立大学法人東北大学職員組合（以下「組合」という）は、下記により和解することを適当と認め、和解を勧告した。法人側、組合側の双方は、和解勧告を受諾することを確認し、和解文書に調印した。

和解勧告の項目は以下のとおりである。

一　法人と組合は、本件が本和解の成立により円満に解決したことを確認する。

二　法人と組合は、労働組合法・その他諸法令を遵守し、相互理解と尊重の精神に従い、健全な労使関係の構築及び維持に努める。

三　法人と組合は、労使自治の原則に基づき相互に誠意を持って交渉をする。
四　組合が平成三〇年一月五日に法人に提出した質問要求書について、令和元年七月一〇日の団体交渉において回答がなされたものとする。
五　法人は組合に対し、今後の法人における准職員、時間雇用職員及び限定正職員の雇用と待遇に関わる組合から出される要求（財務資料の提供を含む）については、誠意をもって交渉する。

本件は、宮城県労働委員会が二〇一九年一一月一四日に、東北大学に対して具体的な資料を示す等して誠実に対応することを命じる命令を出したことについて、法人が再審査を中央労働委員会に申し立てたものである。県労委命令では、法人の不当労働行為が認定され、「非正規雇用職員の希望者全員を無期転換した場合の財務の見通しなどに関する質問に対して、無期転換を希望する人数を踏まえるなどした資料を提示した上で、人件費や財務への影響について具体的に説明し、誠実に対応しなければならない」とされた。

中央労働委員会での審理にあたって、組合は申立当時の理事が交代しており、現状を、比較的正常な交渉が可能となっていると評価して和解の道を探ることを考えて臨んだ。一方、大学側は、第一回期日で代理人が不当労働行為の法的な定義に踏み込む書面を提出したいとして、長期紛争化の姿勢を見せた。しかし中労委は、組合の姿勢を評価し、法人と組合が労使自治の原則に基づいた健全な話し合いができると判断し、そのための和解を勧告したという経緯である。中央労働委員会の賢明な判断と、教育・研究・医療を担う東北大学における法人と組合の信頼関係と建設的な労使関係を重視した姿勢に敬意を表する。大学側代理人弁護士事務所の姿勢については、今もなお不信感をぬぐいきれないが、最終的に和解を受け入れた大学の姿勢については評価したい。

私達組合は、今後、宮城県労働委員会で不当労働行為と認定されたような不誠実交渉が二度と行われないよう法人に求めるとともに、東北大学の教育・研究の発展、民主的な職場作り、教職員の待遇と勤務条件の向上のために、法人と協力して取り組んでいく所存である。そして、本件に係る改正労働契約法に基づく非正規職員の無期転換を実現し、非正規職員の大量雇止め問題の早期に全面的解決を図ることを引き続き要求する。

組合は、宮城県労働委員会および中央労働委員会での争議を支援してくださった弁護団、ストップ雇い止めネットワークみやぎ、さらに激励をいただいた多くの方々に対して感謝の意を表するとともに、現在係争中である、雇止め無効を求めた仙台地裁への訴訟での勝利を、改めて決意するものである。

5　情報公開問題

5―1　東北大学に対する石嵜・山中総合法律事務所の関与

私達は、無期転換逃れに舵を切った二〇一七年一月の方針転換について、その意思決定に至るプロセスを注視した。質問要求項目（二〇一八年一月五日提出）においても、大学当局が作成した二〇一六年九月二〇日の人事方針修正案、二〇一六年一〇月一八日の人事方針見直し（組合への連絡）について、二〇一七年一月一七日の人事方針案（部局長連絡会議資料）について、検討を行ったメンバー、検討の際の参照資料、議事録の提示と説明を求めた。しかし、当局は「なぜ検討経緯が必要か、ご説明をお願いします」として、回答を拒否した。状況証拠から見れば、二〇一六年六月から「コンサルタント業務契約」が結ばれ、以降契約が継続し、更には労働争議の東北大学の代理人を担っている「石嵜・山中総合法律事務所」が主導し、当時の大槻理事とともに、東北大学の無期転換逃れ・大量雇止め方針を作っていったと考えられる。その状況証拠とは以下のとおりである。

・それまでは業務を委託されていなかった石嵜・山中総合法律事務所が、二〇一六年六月にコンサルタント業務契約を受けて、その半年後に方針転換が行われた（団体交渉で、なぜこの事務所を選んだかを問うたところ、大学職員が、当事務所弁護士が講師を務めた講演会に参加したことがきっかけだったとの説明があった）。

・無期転換と同等効果があるとして導入した限定正職員制度は、当事務所が労働法改正に対応するために推奨する限定正社員（多様な労働力利用）そのものである。当事務所は、二〇一八年四月に有期契約者の無期転換権が発生することを「二〇一八年問題」と位置づけ、それを避ける方策を説いていた。

・国立大学法人で、限定正職員制度を導入したのは東北大学だけであり、当事務所と委託契約しているのも東北大学だけである。

5―2　情報公開請求

一連の問題を主導し、制度設計から運用方針まで、東北大学はすべてこの事務所に丸投げしている状態である。争議だけでなく、組合との団交での説明・回答も、一つ一つ指示を受けており、労使自治が損なわれていることは大きな問題であると考える。大学が主体的に判断することが出来ない状況を、大学自身が作ってしまったといえる。早々に当事務所との関係を断ち、大学が主体的に判断するように対処方針を見直す必要があると考え、私達組合は、業務委託内容の詳細（契約書と報告書を含む）と金額に関する情報公開請求を行った。当事務所のコンサルタントによって、東北大学は契約料のみならず損害を受けているという側面もある。

独立行政法人等の保有する情報の公開に関する法律第三条の規定により、東北大学職員組合は東北大学に対し、二〇一八年七月一九日と二〇一九年三月一一日の二回、「東北大学と石嵜・山中総合法律事務所との業務契約および業務委託に関する契約書・発注書・支払い明細書」の全部の開示を求める情報公開請求を行った。二回の情報公開請求の結果、鑑査請求の後で追加開示されたものも含めて、七件の支出契約決議書と六九件の経費精算書が部分開示されたが、後述するひとつの支出契約決議書（平成二九年一月三一日）を除き、契約や業務の内容を示す部分、交通費を除く支払金額に関する部分はすべて黒塗りにされていた。七件の支出契約決議書の内訳は、年間のコンサルティング契約が三件、個別の契約（労働審判、労働委員会、仮処分、裁判）が四件であった。六九件の経費精算書は、次の三種類、（一）コンサルティング契約に基づく月毎の支出（計三一件）、（二）仙台来訪を伴う交通費と日当が発生する支払い（計三二件）、（三）着手金、報奨金等の支払い（計六件）であった。

「国立大学法人東北大学契約事務取扱細則」第五三条によれば、「予定価格が三〇〇万円を超える役務の提供」については、「落札又は随意契約に係る物品等又は役務の名称及び数量」「落札者又は随意契約の相手方の氏名及び住所」「随意契約を締結した場合は根拠規程の条文及びその理由」「予定価格」等を「公表しなければならない」とされている。情報公開請求で唯一公開された支出契約決議書（平成二九年一月三一日）は、このルールによって、契約総額（年間三五二万円）や随意契約の理由が、すでに東北大学のWEBサイトで公開されていたものである。残りの六件の支出契約決議書を非開示にする理由は、三〇〇万円未満であるためWEB公開しなかった可能性もあるが、WEB公開の義務がない場合であっても、情報公開請求に対し、非開示にする合理的な理由は存在しない。

組合の不服申立（審査請求）に対しても、事実上、追加の開示はなかった。その手続きにかかる法律上の義務として、大学は総務省の上記審査会に対して諮問したが、総務省の情報公開・個人情報保護審査会からの「答申書（二〇一九年六月一二日）」は、以下の理由で情報不開示にかかる大学の判断は正しいとするまったく不当なものだった。

「支出内訳」「随意契約理由書」を開示すると、特定法律事務所の具体の案件処理に係る取り組み体制や実作業の詳細な内訳などに基づきだされる営業秘密に属する情報、弁護士の報酬単価が明らかになる。このことが、当該事務所及び弁護士の競争上の地位その他正当な利益を害する恐れがある。情報不開示にかかる大学の判断は正しいとするまったく不当なものだった。

組合は二〇一八年一〇月一九日に、国立大学法人東北大学・小林邦英監事、牛尾陽子監事（非常

勤）に、予定価格を設定せずに契約を結んだ事実関係を監査確認し、大野総長に対して、契約の撤回を勧告すること求めた「監査請求書」を提出したが、現在までまったく音沙汰はない。

組合の試算では、委託契約費および争議対応の旅費等で、年間七〇〇～八〇〇万円を当事務所に支払っていると推測される。組合はその後の団体交渉で、予算的にも人事制度でも組合との関係においても、東北大学に損害を与えている当事務所との委託契約を見直すことを求めている。一方、公文書管理と情報公開が適切になされることは、民主的な行政運営の前提である。近年、国政において、公文書の改ざん、隠ぺい、廃棄等が多発している中、東北大学が構成員に対して情報を隠す姿勢は厳しく批判されるべきである。

6　今後の国立大学および日本における労働問題

6─1　民間も公的セクターも無期転換に道閉ざす

二〇二一年現在、非正規雇用職員の無期転換問題については、二〇一三年以前から雇用されていた非正規職員が、既に無期転換したか、もしくは東北大学のように雇止めされており、いわゆる期待権（狭い意味で。すでに五年以上契約を更新していることで発生する期待権を指す）を有する方はいない。実は、無期転換を認めた大学においても、二〇一四年以降は、五年上限としている大学が多い。今回、独法研究機関等で、理化学研究所のように雇止め問題が表面化した機関は少なかったが、それは二〇一四年以降に雇用した非正規職員は五年上限（もしくはより短い期間）というルールを適用したものの、二〇一四年以前からの非正規職員は無期転換可能としたからである。すなわち、東北大学のように雇止め問題が表面化しなかった大学やその他機関も、基本的には無期転換させないのである。本来ならば、無期転換、すなわち安定雇用に道をひらく制度が、まったく逆に作用することになっている。労契法の改正自体に問題があったと判断せざるを得ない。

民間企業については、独立行政法人労働政策研究・研修機構による、改正労契法への対応に関する調査結果（二〇一六年一〇月）では、無期契約に移行する企業が約六割で、「有期契約が更新を含めて通算五年を超えないように運用していく」という回答は一割を下回っていた。しかしその後は、徐々に無期転換をしない方向にシフトしているものと考えられる。

6―2　韓国では

韓国では、一九九七年一二月、国際通貨基金（ＩＭＦ）からの資金支援の覚書を締結した、いわゆるＩＭＦによる韓国救済以降、企業の雇用調整が加速化し、非正規労働者の割合が急速に増加していた。そこで、二〇〇七年七月に「期間制および短時間労働者保護等に関する法律（以下「非正規職保護法」）を施行した。

「非正規職保護法」には、二年を超える契約労働者は「無期労働契約」に転換することを雇用者側に義務づけ、賃金や労働条件などにおける不合理な差別を禁止した。

韓国の非正規職保護法が日本の改正労働契約法と異なる点は、無期転換が適用される通算契約期間が二年である、日本の五年より大幅に短いこと、日本では無期転換権が得られるのみで、無期転換には労働者の申し込みが必要であるのに対し、韓国は申し込み無しで無期労働契約に転換されることである。

その後、雇用者に占める非正規労働者の割合は、二〇〇四年八月の三七・〇％から、二〇一五年三月には三二・九％に減少した。しかしその後は、就職難のため若干増加傾向で推移している。「非正規職保護法」の雇用構造全体への効果は限定的かもしれないが、法の考え方は納得できるものである（「無期転換ルール導入の課題は？　―雇用保障のみならず処遇改善に対する保障の実施も、韓国の事例から学ぶ」金明中、ニッセイ基礎研究所レター、二〇一八年三月一四日）。

6―3　国内の流れ

改正労働契約法が施行された二〇一三年当時、人件費の固定化を嫌う企業が五年超になる直前で雇止めすることが懸念されていた。国会では当時の安倍首相が「ルールを避ける目的で雇止めすることは、法の趣旨に照らして望ましいものではない」と答弁し、一応は釘を差したものの、東北大学のように直前で雇止めする企業等が多く、各地で裁判が起きている。二〇二〇年に入り、いくつかの地裁で判決が出されている。一部では敗訴しているが、山口地裁（県立総合医療センター看護師）、福岡地裁（博報堂嘱託社員）では、雇止め無効の判決が出されている。その他、横浜地裁（幼稚園園長）、高知地裁（高知県立大学職員）、宇都宮地裁（公益社団法人職員）では、期間満了での雇止めで、雇止め無効には至らないものの「脱法目的の雇止めは是認されない」ことは明瞭に示された。

総じて、業務の常用性、長期にわたる契約の反復更新が重視されている。また雇止めについては、人件費の削減や業務効率の見直しの必要性という、およそ一般的な理由では不十分であり、高度の合理的理由および相当性が要求されることも重要である。さらに、契約時の書面に不更新条項があった場合でも、「労働者がこれを承諾したとしても、更新への期待が消滅・放棄されたとは認められない」と位置づけられている。労働者の合理的期待は、不更新条項の存在よりも強いことは、「あの時サインしたから」と泣き寝入りしてしまう労働者に、大きな勇気を与えるものであろう。

ただし、無期転換逃れのために更新上限を設けること自体が違法であるという判断は示されていない。緒方（二〇一九）は、労契法一八条の回避を目的とした更新上限条項は公序良俗違反無効とする「無期転換権発生回避行為否認の法理」を提唱している。しかし、労働契約一八条に基づく、有期契約労働者の無期転換申込権の行使を回避するために、有期労働契約に更新上限を付する措置が数多く行われている。また下記のような抜け道もあり、改正労働契約法の限界を感じる。非正規雇用労働者の雇用を守るためには、更なる法整備が必要であると思われる。

6─4　改正労契法の問題点

「改正労契法は、同一の事業者との間での労働契約期間が通算で五年を超えた有期雇用者に対し、無期雇用に転換する権利を与えます。多くの労働者が一八年四月一日にその申し出が可能になります。使用者は申し出を拒否できません。ただ、合理的な理由がなくても有期で人を雇うこと自体は許されており、「入口規制」をどうするかという問題は未整備です。権利を得るのに「五年」もかかるのは長すぎます。非正規公務員が同法の適用除外になっている点を含め課題は少なくありません」（川村　二〇一七）。

上記は、非正規雇用労働者問題の第一人者の川村雅則氏の見解であるが、本質を突いていると思われる。さらに川村氏は、無期転換を申し込まないことを条件に、五年超で雇われることが認められたという裏道が横行する可能性も指摘している。改正労契法が機能しないどころか、逆に作用していると言わざるを得ない。

今後の日本における非正規雇用問題については、労働契約法第一八条に基づく無期雇用転換、パートタイム労働法と労働契約法第二〇条が統合されたパートタイム・有期雇用労働法による不合理な格差是正、新たな非正規公務員制度の施行など、非正規雇用問題の改善に限定しても、二〇二〇年は重要な年であるとされる。加えて、自治体など公務セクターの職場においては、全国で六四万人（二〇一六年四月）、都道府県を除く市区町村ではおよそ三分の一が非正規雇用職員となっている（総務省調べ）。二〇二〇年四月から地方自治体では新たな非正規公務員制度（会計年度任用職員制度）が開始。新制度では、一会計年度つまり一年以内での任用が基本とされ、再度の任用は可能であるが、民間で言う雇用更新とは異なり、新たな職に就くと解される。そのため条件付き採用期間（試用期間）が毎年新たに設けられることになる（川村　二〇二〇）。

川村氏が指摘しているように、「仕事に期限はないのに有期で人を雇い続けることが法制度上容認されてきた。有期雇用の乱用」「無期雇用に転換する権利を得るのに五年は長すぎる」のである。労働者を非正規（有期雇用・低賃金）に押し止める社会から、安定雇用・生活できる賃金を保障する社会に移行させるためには、この無期雇用転換が第一歩になる。東北大学で希望者全員の無期転換を勝ち取り、それを地域や社会に広げていく必要がある。

メーデー宮城県中央集会（左：2018 年 5 月 1 日、右：2019 年 5 月 1 日）で訴える東北大職組メンバー

東北大学片平キャンパス北門において隔週で行っている昼宣伝。2018 年 3 月から継続して行われている。

東北大学片平キャンパスで開催された非正規職員の無期転換問題・緊急報告集会「東北大学では，なぜ大量雇止めが生じたのか（2018 年 6 月 15 日）」で、挨拶する高橋正行宮城県労連議長（右）、報告する野呂圭弁護士（左）。

東北大職組主催の新春交流会（旗開き）（2019年1月13日）。来賓の弁護団（左から野呂圭弁護士、山田忠行弁護士、小野寺義象弁護士）。

街頭宣伝も、計6回実施した。

〈引用文献〉

黒瀬一弘（二〇一七）「労働契約法に対する東北大学職員組合の活動」『労働法律旬報』一九〇〇号、二三〜二四ページ

川村雅則（二〇一七）「無期雇用転換運動に労組は全力投入を」『連合通信（特信版）』二〇一七年一二月二〇・二〇一八年一月五日号

川村雅則「労働界における官民共闘で、雇用安定と賃金底上げ・不合理な格差是正の実現を――非正規雇用をめぐる二〇二〇年の労働組合の課題」『労働総研クォータリー』第一一六号（二〇二〇年五月号）

緒方桂子（二〇一九）「有期労働契約の更新限度条項に関する一考察　労契法一九条二号に関する相補的審査及び『無期転換権発生回避行為否認の法理』の展開可能性」『季刊労働法』二六六号、一一六〜一二七ページ

【編者】

東北大学職員組合

連絡先：仙台市青葉区片平２－１－１

電話 022（227）8888　ＦＡＸ 022（227）0671

執筆者

片山知史（かたやま・さとし）東北大学職員組合・執行委員長

小野寺智雄（おのでら・としお）東北大学職員組合・書記

非正規職員は消耗品ですか？

――東北大学における大量雇止めとのたたかい

2021年5月28日　初版　　定価は裏表紙に表示

東北大学職員組合編

発行所　学習の友社

〒113-0034　東京都文京区湯島２－４－４

TEL03(5842)5641　FAX03(5842)5645

振替　00100-6-179157

印刷所　モリモト印刷

落丁・乱丁がありましたらお取り替えいたします。

ISBN　978－4－7617－1034－7　C0036